JN099068

スポーツ
ファイナンス入門
プロ野球とプロサッカーの経営学

西崎　信男 著
Nobuo Nishizaki

税務経理協会

はじめに

　まず，最初にお断りさせていただくが，本書は経営経済，簿記会計の知識があまりないスポーツ系学生を主たる対象として授業で使用することを前提としている。そのうえで，スポーツの裏側にある経営経済，特にファイナンスの説明を行った。基礎知識のあるビジネスマンや商学部の学生はスポーツの観点からの説明という理解で使用いただければ幸いである。

　執筆に際して，スポーツファイナンスのリサーチをするために英米に出張して，色々な方にインタビューさせていただいた。
　英国については90年代に6年半の英国勤務から帰国した後も，毎年のように英国に出かけ，関係者にインタビューし，文献を探すことを通して，ネットワークが構築できていた。しかし，米国についてはビジネス上で縁が薄かったため，仲間の米国投資銀行勤務経験者にNYの状況を聴くことからスタートしたのである。幸い米国ビジネススクールのつながりでNY在住者である米国人研究者が市内を連れまわしてくれ，さらには種々基本的な質問に対しても丁寧に教えていただいた。
　本文で書いているが，米国では上場企業については証券法，証券取引所法で，情報開示が徹底されているが，非上場企業については情報開示の必要がない。そこで非上場企業がほとんどであるプロスポーツ球団の企業情報は雑誌の推計値しか取得できず，残念ながら米国スポーツは扱える分量は少なかった。現に米国のスポーツファイナンスの教科書を見ても，実例ではなく，仮定の事例を使ってスポーツファイナンスを説明している。
　それに対して，英国では企業は上場，非上場を問わず，「株式会社」であれば会社登記所（Companies House）に企業情報が登記されているので，誰でもその情報を入手できる。そこで本書では実際に登記された企業情報を題材に，スポーツファイナンスを扱ってみた。実例としてプレミアリーグのチェルシー，トテナム，マンチェスター・ユナイテッド，マンチェスター・シティを扱う他，そして3部リーグ（リーグ1）のAFCウインブルドンについては「ファンが所有するクラブ」の観点から実情について紹介している。

一方，日本のプロスポーツについては，プロ野球とプロサッカーを扱っている。いずれの球団（クラブ）もほとんどが株式会社であり，会社法の規則に則って開示がされている。プロ野球では大多数の球団が「大会社以外」に該当するため，開示は貸借対照表だけで限定的であるが，Ｊリーグについては欧州サッカーリーグに倣った開示（貸借対照表および損益計算書の項目別レジュメ）がされている。昨年からの世界的なコロナ感染爆発によって，世界中のプロスポーツは経営的に苦難に陥っている。それは日本のプロ野球，プロサッカーでも同じである。サッカーＪリーグでは昨年度の経営数字がすでに開示されている。それを見ると，単年度赤字のみならず，資本の欠損，さらには債務超過に陥っているクラブが多数ある。Ｊリーグはクラブライセンス等で規則どおりの運用はせず，経過措置を講じている。そこでクラブは，資本増強のための提携，借入等で血のにじむ努力をしている。資本提携になると新たに出資する投資家はおカネだけではなく経営に対して口も出すことになる。この点については，本書の第10章でAFCウインブルドンの実例を扱っているので参考にしていただきたい。

　スポーツファイナンスを学び，基本的な数字が読めて，クラブがグラウンドの外で行っている経営努力が理解できれば，クラブ（球団）をよりサポートできるので，サポーター（ファン）冥利に尽きるのではないだろうか。かくいう筆者は，自分のサポートするクラブの試合の応援も兼ねて毎年のように渡英しているが，その際にクラブの株主総会に参加して，クラブ経営に自分なりの貢献を行っている。

　本書を執筆するにあたり，学会，研究会，大学等各方面の皆様から教えをいただき感謝している。今回の執筆にあたり，特に以下の方のご支援をただいた。

　銀行，証券会社，大学を通じて常に議論させていただいている鯖田豊則先生（東京国際大学），実践コーポレートガバナンス研究会の門多丈代表理事，早稲田大学スポーツビジネス研究会の世話人である武藤泰明先生（早稲田大学）他の先生方，大学院でご指導いただいた内田滋先生（長崎大学名誉教授），アドバイスをいただいた藤井一郎先生（四国大学），飯田義明先生（専修大学），

辰巳和正法律事務所の辰巳和正所長弁護士，中小企業診断士三田会の皆さま，西薗秀嗣先生（九州産業大学），銀行の同期である谷川博さん，奥田勇次さん他のコメントをいただいた皆様に感謝する。

本書は2020年度後学期九州産業大学スポーツ健康科学科の「スポーツファイナンス論」の講義内容を加筆修正してまとめたものである。その原稿を丹念に読んでいただいた西崎ゼミ4年の曽根崎惟央理さん，粂野あんずさんに感謝する。

米国，英国の研究者，金融のプロフェッショナルにも今回もお世話になった。

Special thanks to: Kieran Maguire (Liverpool University), Philip English (Temple University), Tim Hillyer (Management Consultant, AFC Wimbledon), Neil Le Miller (Exeter City FC), Richard Irving (Football Supporters' Association), Masaya Noda (Sumitomo Mitsui Trust Bank, Limited), Hiroyuki Omiya (Daiwa Capital Markets America), Aichi Amemiya (Nomura Americas), Nobuo Funabashi (ex US Investment banks)

前著，西崎信男（2017）『スポーツマネジメント入門〜プロ野球とプロサッカーの経営学〜（第2版）』を上梓してから早4年が経過した。その間，出版社の編集者の方からスポーツマネジメントに次ぐスポーツファイナンスをテーマに執筆してはとのお誘いを受けたものの，勤務先大学の異動等が重なったこともあり現在に至ってしまった。

前著に続き本書を辛抱強く待っていただき完成に導いてくださった税務経理協会の小林規明氏に御礼を申し上げたい。

なお，本書は科学研究費JP19K11567の助成を受けたものである。

2021年9月

西崎　信男

目次
CONTENTS

第 I 章 スポーツファイナンスをどう学ぶか

　近年「スポーツビジネス」が脚光を浴びている。日本再興戦略 2016 においては「スポーツの成長産業化」が謳われ，2025 年にスポーツ産業規模を 15 兆円にする KPI（重要経営指標）が掲げられた。しかし，一般的には「スポーツ」と「ビジネス」がどのように結びついているのかいま一歩理解が進んでいないように見える。筆者自身は大学でスポーツ系学生を対象に「スポーツマネジメント論」「スポーツファイナンス論」を教えている。マネジメント論はいろいろな定義があるが，組織（企業）経営の立場で捉えることができる。すなわち，企業が自ら所有する希少な経営資源（ヒト，モノ，カネ，技術・情報）を有効活用して最大利益を生み出す。企業が継続事業体（ゴーイングコンサーン）として生存するためには，投資のための利益が必要であるからである。その中で，「おカネ」の部分を扱うのが「ファイナンス」である。企業経営の分野であれば「コーポレートファイナンス（財務管理）」といえる。おカネは独立して動くのではなく，他の経営資源，例えばモノ・サービスが動けば，おカネは逆方向の流れとなるので，経済取引を理解するためには，お金の流れを理解することは重要である。

　本書では「プロスポーツ企業」の「おカネ」の流れの管理を扱う分野を「スポーツファファイナンス」と定義してすすめることとする。経営経済の予備知識があまりないスポーツ系学生を主たる対象にして，マスコミ等で報道されるスポーツの話題を「ファイナンス」の眼からみればどう見えるか，基礎からビジネスを理解してもらい，スポーツビジネスの仕組みに興味を持ってもらうことが目的である。

　とは言え，経営・会計の知識のない学生にどう興味を持ってもらえるのか。スポーツファイナンスをスポーツ系学生に教えられるか悩んでいた時に，示唆を与えてくれたのが，英国のリバプール大学ビジネススクールのファイナンスの教員である Kieran Maguire 氏である。それまで会ったこともない私のミーティング依頼に対して，喜んでわざわざリバプールからロンドンのホテ

1

ルまで（350 キロ）会いに来てくれた。

　彼自身は管理会計学専門で Management Consultant であったが，大学教員の傍ら The Times/The Guardian 等の高級紙，BBC1 等テレビの出演も多い。既存のスポーツファイナンスの教科書は最初の部分が簿記・会計学であるため，基礎のない一般の学生にとってそれが高いハードルになり，スポーツファイナンスまでたどり着けないと私は認識していたので，アドバイスを求めた。

　彼によれば，とにかく多数のケーススタディー（事例研究）でトピックスを紹介して，その仕組みを普通の教員が 1 つのプロセスで教えるところをいくつかのプロセスに分けてじっくり教える。学部も修士も同じである。それを聞いて我が意を得たりということで，本書の執筆を決意した次第である。確かに，簿記がわかっても経営のことがわからないと会計の数字が読めないとよく言われるが，スポーツのことがわかっていれば，会計の数字にも興味が持てるし，説明すれば理解が進むことを授業を経験して実感している。

【コンセプト】

① 　世界のスポーツ報道から選んだ事例で，プロスポーツビジネスの基本を経営学的に学べる。

② 　経営・会計について知識がない初学者に，事例を通してスポーツビジネスにおける取引の裏側を解説し，テーマの広がりをつかむことで興味を持ってもらい，経営学，会計学の次のステップに移る懸け橋となる。

　例えば，世界でバスケットボールと並び人気があるプロサッカー業界におけるおカネの流れを見てみよう。サービスの流れとお金の流れが反対方向で流れていることがわかる。お金の管理（ファイナンス・マネジメント）が重要であり広がりがあることが理解できると思う。

❶　経営管理と財務管理の相違

　スポーツファイナンスというときに，まず疑問が出てくる。それは，「経営管理（マネジメント）と財務管理（ファイナンス）の相違はなにか」ということである。

図表 1-1　プロサッカー業界におけるお金とモノ・サービスの流れ

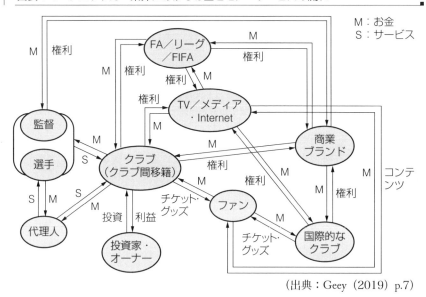

（出典：Geey（2019）p.7）

　企業は，「ヒト，モノ，カネ，技術・情報」等経営資源を最大限活用して利益を上げることを目的とするが，そのために激動する外部環境に適合するために，方向性を策定し，それに沿って運営する。

　全社の方向性を策定するのが「経営戦略（strategy）」であり，その経営戦略に基づき，個別経営資源の戦略を管理するのが「経営管理（マネジメント）」である。その個別の戦略の中で「企業の血液といわれるカネ」の部分を管理するのが「ファイナンス（finance：財務管理）」である。ファイナンスは他の経営資源の取引と表裏一体の取引であるので，他の個別戦略より上位に位置する経営戦略と密接に結びついている。

❷　会計とファイナンスの相違

　財務管理（ファイナンス）は「企業の将来（方向性）」に重点を置く。スポーツファイナンス論では例えばスポーツ業界（プロリーグ）における財務管理を扱うが，基本となるのは財務管理（ファイナンス）である。

　それに対して，会計（アカウンティング）は企業活動の過去や現在に視点をあわせる。

企業のおカネに関する意思決定を行うのが，ファイナンスであり，その結果が「会計」の数字となって現れる。逆に会計の数字を基礎にして（フィードバック），ファイナンスの意思決定を行うという関係になる。

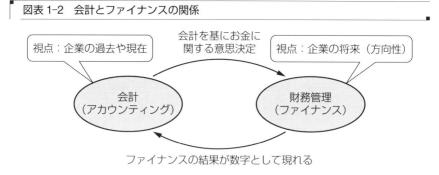

図表1-2　会計とファイナンスの関係

視点：企業の過去や現在

会計を基にお金に関する意思決定

視点：企業の将来（方向性）

会計（アカウンティング）

財務管理（ファイナンス）

ファイナンスの結果が数字として現れる

　プロスポーツの話になると，学生からは「ソフトバンクホークスがすごい」「巨人が好き」等々いろいろな声が聞こえてくる。しかし「どこの球団が好き」等というのは定性的評価であって比較はできない。例えば，阪神タイガースは経営学的にみるとトピックス満載の球団であると筆者は考えるが，タイガース以外のファンの学生にとっては全く興味がないとの声が聞かれる。それを比較する共通の基盤となるのは定量的評価となる「お金」である。

　日本のプロ野球に比べて経営開示が進んでいるJリーグ（プロサッカー）で比較してみよう。

　例えば，英国プレミアリーグのみならず世界でも有数の人気クラブであるマンチェスター・ユナイテッド（Manchester United）の年次報告書（annual report）によれば，全世界にサポーターが11億人（日本の人口（1億2,000万人）の10倍近い！）いるとのことである。また2017/18シーズンのユナイテッドの売上高（収入）の内訳は，入場料1億1,000万ポンド（154億円），放映権料1億9,400万ポンド（272億円），スポンサー料・グッズ2億7,600万ポンド（386億円）で，合計812億円（1年間で！）となっている。

　それに対して日本のJリーグで人気ナンバーワンといわれている浦和レッズと比べてみよう。同じシーズンで比較するために，2017年度の浦和レッズの売上高の内訳を見ると，入場料23億円，スポンサー料・グッズ40億円，

その他（放映権料分配，賞金他）16 億円で，合計 79 億円となっている（2017年度クラブ経営情報開示資料）。

　プレミアリーグのマンチェスター・ユナイテッドと比較すると，J リーグトップの浦和はユナイテッドの 10 分の 1 の売上高となる。プレミアリーグと J リーグでは大きな差があるとはファンも含めて感じてはいるものの，「数字」という共通基盤で比較すると彼我の差に驚かざるを得ない。すなわち金額の比較で「ビジネスの規模」「人気」等が明らかになる。クラブが提供する商品・サービスに対して，入場料であれスポンサー料であれ，顧客が払った対価が合計収入となる。そこではビジネスモデルの優劣が明白に出るのである（お金を経由することで実態が明らかになって他と比較できる）。

【参考文献】

Fried, G.et al (2020), Sport Finance Fourth Edition, Human Kinetics

Geey, D (2019), Done Deal: An Insider's Guide to Football Contracts, Multi-Million Pound Transfers and Premier League Big Business, Bloomsbury Sport

Hoye, R et al, (2017), The Sage Handbook of Sport Management, SAGE

Maguire, K (2020), The Price of Football, Agenda Publishing

Winfree J. A. et al, (2019), Sports Finance and Management, Second Edition, Routledge

武藤泰明（2008）『スポーツファイナンス』大修館書店

第Ⅱ章 | 事例にみるスポーツファイナンス

　スポーツファイナンスのインパクトを直感的に感じさせるニュースが，2019年11月に世界中を駆けめぐった。米国のプライベート・エクイティ・ファンド（非上場株式へ投資する機関投資家）のシルバー・レイク（Silver Lake）が，英国プレミアリーグの当時のチャンピオンであったマンチェスター・シティ（Manchester City FC）の親会社（City Finance Group：CFG）の株式を約10％（約5億ドル：525億円）購入したのである。これを逆算してCFGの総資産価値を計算すると，約48億ドル（CFG発表：約5,040億円@Y103）となる[1]。

　この金額は日本のJリーグクラブの名門鹿島アントラーズの売買事例と比較すると極端に高い。

　2019年7月メルカリは，日本製鉄などが保有する鹿島アントラーズ・エフ・シー（茨城県鹿嶋市）の発行済み株式の61.6％を取得する。取得日は8月末を予定し，買収総額は約16億円。フリマアプリでユーザー数が少ない40代以降の男性にメルカリを利用してもらう契機とする。

　鹿島アントラーズは新日本製鉄（現日本製鉄）と合併する前の住友金属工業（同）で活動していたサッカー同好会が母体。新日鉄と住金の合併で12年に発足した新日鉄住金が今年4月に「日本製鉄」へ改称し，社名から「住金」の文字が消えたのに続くアントラーズの経営権譲渡に対し，旧住金関係者の間で反発が強まる可能性がある。

（出典：日刊工業新聞 2019年7月31日）

　この取引から，鹿島アントラーズの総資産価値は，16億円÷0.616＝約26億円と計算できる。先に述べたとおり，プレミアリーグとJリーグの間には「フローの期間経営成績」である売上高等も含めて種々の格差が存在すると

---

[1] Nov 27, 2019 The Times, yahoo finance 2019/11/28, CFG発表。

図表2-1　鹿島アントラーズとマンチェスター・シティの企業価値比較

鹿島アントラーズ
26億円（2019）

マンチェスター・シティ（英）
5,040億円！（2019）

認識されていたが，Ｊリーグの創立メンバーであり，数々の優勝を経験してきた名門クラブが，同年11月に報道されたマンチェスター・シティ親会社の総資産価値というストックの面で約200分の1にしかならないことが衝撃的であった。鹿島アントラーズのクラブ価値が，2020年米国の経済雑誌フォーブズの2020年度プロサッカー選手最高年俸のメッシ選手（Lionel Messi（Barcelona and Argentina）＄126m（£97.2m）（132億円＠Y105））[2]の5分の1にしかならないのである。

　もちろんオーナーの日本製鉄の事情もある。クラブは旧住友金属のクラブであるが，合併によって日本製鉄になった。鉄鋼業界は世界的な競争の下で厳しい戦いを強いられていて本業の縮小につぐ縮小を余儀なくされている。その環境の中で，日本製鉄は社内の名門社会人スポーツのクラブを廃止してきている。したがって，サッカーだけを例外にできない事情があった。さらに親会社日本製鉄にとって子会社鹿島アントラーズの売上高規模は取るに足らない金額である。ここは企業として，本業に集中する姿勢を示すために売却が決まったと思われる。まさに「コーポレート・ガバナンス（企業統治）」の表れであろう。

　筆者は元金融機関勤務で旧住友金属と取引があった。Ｊリーグ開幕前夜，社員から「オフィスに貼ってくれ」とアントラーズのロゴのシールをキャビネに貼ったことを懐かしく覚えている。旧住友金属の社員にとっては，この

[2]　Forbes list of highest earning footballers2020　Sep 14, 2020, 06：00am EDT

売却は痛みが大きかったと思われる。

1 マンチェスター・シティの買収とマンチェスター・ユナイテッドの株価

　非上場株式の取引価格が明らかになることによって，上場[3]株式の発行企業の株価が調整されることがある。

　かつて，プレミアリーグのクラブは，収益性の面で魅力ある企業と思われておらず，発行会社（クラブ）としても上場コストが負担であったことから，2000年くらいに上場廃止が相次いだ。加えて，ロンドン証券取引所に上場していたマンチェスター・ユナイテッド（以下ユナイテッド）株式が，米国の投資家であるグレイザー氏（Glazer）によって買い占められる事件（ファンの視点からは経営権を奪われた事件）があり，その後ユナイテッドの他に，実質上場企業がなくなってしまった（2005年上場廃止）。

　そのような中で，ユナイテッドはアメリカのニューヨーク証券取引所に株式の新規上場を行った（2012年8月）。上場によって株式時価評価額という数字でユナイテッドの企業価値が見えるので，他の非上場クラブの価値評価の参考になるととらえられていた。そこへ非上場企業であるマンチェスター・シティ（以下シティと呼ぶ）の株式売却が発生したのである。

　普通であれば，時価が表示されるユナイテッド株から時価が表示されないシティ株の評価が行われるはずが，シティ株が予想をはるかに上回る価額でアメリカの機関投資家に売却されたことが明らかになり，逆に上場株であるユナイテッドの株式が安値で取引されていると市場で評価されることとなった。結果，ユナイテッドの株式の価格が急騰したのである。

　背景として，業界ではライバルのユナイテッド（MANU：上場会社）は，シティ（Man City）以上の価値（48億ドル5,040億円）があると理解されていた。48億ドルをNY証券取引所上場するMANU発行株数で割ると，理論株式価

---

[3] 上場：証券取引所に発行会社が株式を登録することで，資金調達を行うと同時に，投資家に対して株式の売買をする場を提供すること。

図表 2-2　マンチェスター・シティの株式売却で暴騰したマンチェスター・ユナイテッドの株式（ニューヨーク証券取引所株価）

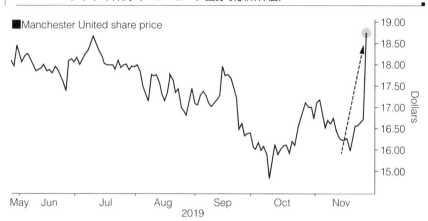

（出典：https://www.bloomberg.com/news/articles/2019-11-27/man-united-jumps-as-man-city-stake-sale-turns-focus-on-valuation）

格が算出されるが，投資家が集まる証券市場では素早くそれが計算され，取引に反映される。

　概算ではあるが，ユナイテッドの株価は，48 億ドル÷1 億 6,400 万株≒$29.27[4]（理論株価）と計算できる。

　ユナイテッドの時価総額は，16.74×164,000,000＝27.45 億ドル（1 株 16.74 ドル）であったが（2019 年 11 月 28 日），シティの取引を反映して，株価は 18.86 ドルにまで急騰した。その結果時価総額はその時点では 18.86×164,000,000＝30.93 億ドルとなったのである。

　この事例では，一時的にユナイテッドの株価は計算上の価格にサヤ寄せされたが，その後下落した。シティの取引は，二者間取引（私募取引）であるので，どのような方法で企業評価がなされたのか不明だが，短期的には大きなインパクトがあったものの，時間の経過とともにシティ取引の評価よりもユナイテッド株式そのものの評価で落ち着いたものと思われる。

---

[4] CFG はシティ以外に世界にクラブを所有しているので，数字はもっと小さいはずであるが，CFG の所有するクラブの中でシティが最大のクラブであるのは間違いない。そこで，その理論価格を目指して，市場取引が収斂して行くと市場では見られた。

2 「ブランド企業」としてのサッカークラブ

今やプロサッカークラブはただのスポーツクラブではなく「ブランド企業」であり，ユナイテッドはその実例といえる。

ユナイテッドは創立以来，幾多のロゴ変更を経てきている。一番大きな変更は 1998 年のロゴ（logo/badge）変更である。右記のとおり，その前のロゴ（1973）と比較すると明らかであるが，クラブロゴから「サッカークラブFootball Club」が抹消され，マンチェスター・ユナイテッドManchester United という会社のロゴになっている。すなわち，ユナイテッドはただのサッカークラブではなく，一大ブランド企業である（になるという意思表示に見える）。

プレミアリーグの他のクラブでも大多数はFC（Football Club）をロゴに冠している。ちなみに英国の新聞 Daily Mail 紙での解説でも「商業上の理由」で「Football Club」が削除されたとある。現時点，Football Club が復活するとの話はあるが，実現していない。なお，プレミアリーグで，ロゴに Football Club が書かれていないクラブとしてアーセナル Arsenal FC がある。1886 年創立以来，誕生地の兵器庫（arsenal）の大砲を中心に描いたロゴとなっている。他のクラブは市の名前がついているので，FC をつけないと市と混同することがあると思われる。Manchester City FC，Liverpool FC 等を見ればわかる。

The devil was added in the 80s, while the words 'football club' were removed in 1998 (right) The word's 'Football Club' were removed in 1998, creating a more marketable badge, but will again feature on the crest.

（出典：https://www.dailymail.co.uk/sport/football/article-2373176/Manchester-United-change-club-badge--Premier-League-clubs-crest-evolved.html（22 July 2013））

ユナイテッドの損益計算書[5] を見ると，売上高における商業収入（ブランド，グッズ販売）が一番大きな部門（稼ぎ頭）であるのがわかる。プレミアで放映

---

[5] 会社の経営成績（期間損益）を表す。会社がどれだけ儲けたのか，さらにはどのように儲けたのかの流れを表す収益（売上高）−費用＝純利益を計算する。詳しくは第 8 章参照。

図表 2-3　マンチェスター・ユナイテッドのロゴ新旧比較

1998　　　　　　1973

（出典：https://seeklogo.com/vector-logo/290599/manchester-united）

図表 2-4　FCUM のロゴ

（出典：http://www.fc-utd.co.uk/）

権料を上回る商業収入を得ているのはユナイテッドだけである。

　ちなみにユナイテッドが 2005 年米国の投資家グレーザー（Glazer）に買収
され米国型のクラブ（ファンの側からは資本家がファンを搾取して儲けることしか
考えないクラブ）に変質することに反発し，サポーターが新たなクラブを創立
した。それが英国 7 部のクラブ Football Club United of Manchester（FCUM）
である。ここではサッカークラブであることを主張する Football Club が強調
されている。筆者は昨年このクラブを訪問し，クラブ関係者と話をしたが，
「Love United, Hate Glazer」（マンチェスター・ユナイテッドを今でも熱狂的に愛し
ている。しかしオーナーであるグレーザーの金儲け主義には断固として反対する）と

コメントしている。

3　マンチェスター・ユナイテッドの企業価値

　ユナイテッドは目論見どおりにただのサッカークラブではなく，世界のブランド企業になったのだろうか。

　EV (Enterprise Value) とは企業価値のことであり，会社が生み出す将来のフリーキャッシュフロー（現金の収入）を割引いた現在価値のことをいう。ここでは会社の価値を企業価値でとらえた場合の数字であることを理解すればよい（詳しくは第 12 章参照）。

　下記の算出式で定義することもできる。

【企業価値の算出式】

　企業価値＝ネット有利子負債＋株式時価総額

　※　ネット有利子負債：有利子負債（借入金）から，すぐにキャッシュにでき得るであろうものを差し引いた金額

　　　有利子負債残高－（現金・預金）－短期性有価証券

　※　株式時価総額：発行されている株式の時価による価値

　　　{発行済株式総数(自己株式を除く)×株価}

（出典：https://www.nomura.co.jp/terms/english/e/ev.html）

　図表 2-6 で示された業績数字は，2020 年に発生したコロナの影響も勘案した，ユナイテッドの売上高ごとの業績数字，および前年同期比の変化率である。

　プレミアリーグでは，売上高の最大シェアは放映権料である。それに対して商業収入が最大シェアを占めているのはユナイテッドだけである。この表で明らかなことは，コロナ感染の拡大によって放映権料収入，入場料収入が急減する一方，商業収入はスポンサーとの契約が中長期の契約のために，減少幅が単年度だけ見ればなだらかになっていることである。すなわち経営へ

図表2-5　マンチェスター・ユナイテッドの企業価値（EV），フォーブズのクラブ価
　　　　　値，ブランド価値[6]

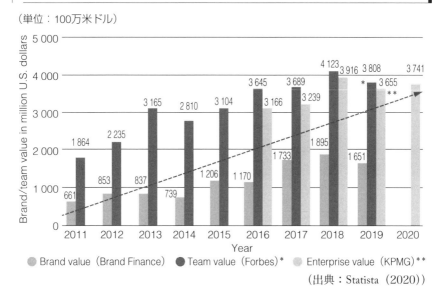

（出典：Statista（2020））

図表2-6　マンチェスター・ユナイテッドの売上高明細（2020/6/30 期：単位
　　　　　百万ドル）

	2020/6/30 までの 1 年間			2020/4/1-6/30 の直近 3 か月間		
	2020 年度	2019 年度	変化率	2020 年度	2019 年度	変化率
商業収入	279	275.1	1.4 %	59.4	66.7	（10.9 %）
放映権料	140.2	241.2	（41.9 %）	16.6	40.9	（59.4 %）
入場料	89.8	110.8	（19.0 %）	5.5	23.8	（76.9 %）
総収入	509.0	627.1	（18.8 %）	81.5	131.4	（38.0 %）
調整済 EBITDA[7]	132.1	185.8	（28.9 %）	(2.7)	10.9	—
営業利益	5.2	50.0	（89.6 %）	(39.0)	(22.1)	（76.5 %）

※　（　）はマイナスを示す。
（出典：NYSE におけるマンチェスター・ユナイテッドの登録書類（10-Q, 2020）

---

[6] Brand value: market-based brand value/cost-based brand value
[7] EBITDA：算出方法は 2 種類ある。営業利益に減価償却費を足す方法と，純利益に
　　利息，税金，減価償却費を足し戻す方法。

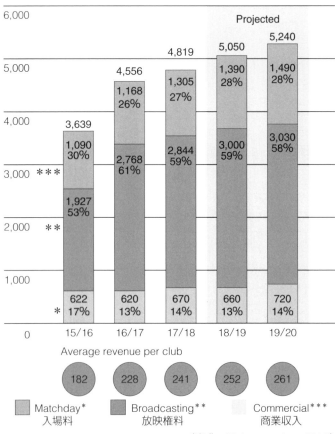

図表 2-7　プレミアリーグ売上高推移（2015/16–2019/20）単位百万ポンド

（出典：Deloitte analysis 2019）

の波及が平準化されている。

　プレミアリーグに限らず欧州トップリーグの売上高急増は放映権料収入の急増によるものであり，バブル状態が以前より懸念されていた。それに対してユナイテッドは商業収入と放映権料収入のバランスが取れている。まさにユナイテッドのブランド価値を利用した売上高構成が業績に寄与したケースである。

　米国の経済誌フォーブズ（Forbes）による世界のプロスポーツクラブ（球団）の価値は以下のとおりである。

表3：フォーブズ誌による世界のプロスポーツ球団（クラブ）評価額（推定）

順位	クラブ名	オーナー	評価額	M&A　チーム買収価額（買収年）
1	Dallas Cowboys (NFL)	Jerry Jones（米）	55億ドル（5,500億円）	1.5億ドル（150億円）（1989）
2	New York Yankees（MLB）	Steinbrenner family（米）	50億ドル（5,000億円）	880万ドル（8億8000万円）（1973）
3	New York Knicks (NBA)	Madison Square Garden Company（米）	46億ドル（4,600億円）	3億ドル（300億円）（1997）
4	Los Angeles Lakers（NBA）	Jerry Buss Family Trusts, Philip Anschutz	44億ドル（4,400億円）	2,000万ドル（20億円）（1979）2億6,800万ドル（268億円）（1998）
5	Golden State Warriors（NBA）	Joe Lacob, Peter Guber	43億ドル（4,300億円）	4億5,000万ドル（450億円）（2010）
6	Real Madrid（西 soccer）	Club members	42.4億ドル（4,240億円）	不明
10	Manchester United（英 soccer）	Glazer family（米）	38.1億ドル（3,810億円）	14億ドル（1,400億円）（2005）
34	Manchester City（英 soccer）	Sheikh Mansour bin Zayed Al Nahyan（UAE）	26.9億ドル（2,690億円）	3億8,500万ドル（385億円）（2008）
37	Chelsea（英 soccer）	Roman Abramovich	25.8億ドル（2,580億円）	2億3,300万ドル（233億円）（2003）
41	New York Mets（MLB）	Fred & Jeff Wilpon, Saul Katz	24億ドル（2,400億円）	3億9,100万ドル（391億円）（2002）

（出典：Forbes The World's 50 Most Valuable Sports Teams 2020 を筆者加工）
（1ドル＝100円で計算）

　前述のシティ，ユナイテッドの株式時価総額と比較しても，定評のあるフォーブズの計算はそれらとかけ離れた数字にはなっていない。ちなみにフォーブズの計算方法は公表されてはいないが，①所属リーグでの全球団で共有される収入，②球団の所在する都市および市場規模，③当該球団のスタジアム／アリーナの状況，④当該球団のブランドマネジメントを判断材料と

しているいわれている[8]。

ここで注目されるのは，世界のクラブ価値 50 位までのクラブの評価額の大きさのみならず，現在のオーナーがそのクラブ（球団）を購入した買収時期と買収金額である。買収金額と現在の評価額を比較すると，トップのアメリカンフットボール球団ダラスカウボーイズは 1.5 億ドル（150 億円＠ Y100）で購入した球団が 40 年後には 55 億ドル（5,500 億円）と約 36.7 倍に価値を急増させている。直近で見れば，英プロサッカークラブ Manchester City を中東アブダビの王族が 2008 年に 3 億 8,500 億ドル（385 億円）で買収したが，12 年経過した現在では 26.9 億ドル（2,690 億円）と見積もられている。

プロスポーツが視聴率を稼ぐ最高のコンテンツと評価され，放映権料が急騰したことが背景にある。この状況を迎える前に，シティのライバルのユナイテッドを 2005 年に 14 億ドル（1,400 億円）で買収した米国投資家グレイザー（Glazor）はサッカーを地域の宝と信じるユナイテッドサポーターから猛反発を受け，前述の FCUM が誕生したわけである。しかし当時はプロサッカーは儲かるビジネスではなかっただけにグレイザー氏のビジネス感覚は鋭いものがあると評価できるのではないだろうか。この点を英国の研究者に質問したところ，あまりいい顔をされなかった。研究者である前に，サッカークラブはファン（サポーター）のもの，地域の宝ととらえる英国での感覚が優先するのであろう。

これに対して，米国ではプロ野球もプロバスケットボールも他のプロスポーツも有利な条件を示されれば，本拠地（フランチャイズ/franchise）を移す例が普通に見られる。

有名な例は大リーグ野球（MLB）のロスアンジェルス・ドジャース（1957年移転），サンフランシスコ・ジャイアンツ（1957 年移転）が挙げられる。それぞれもとはニューヨークを本拠地としていたが，ニューヨークのある東海岸より西海岸が経済発展する，さらに地域からの支援も期待できると本拠地を移したのである。すでに見たとおり，英国ではスポーツは地域の財産と捉えられている。したがって企業買収によってオーナーが変わり，本拠地を従

---

[8] p.415 The Business of Sports 2nd edition, Rosner S. R et al（2011）。

来の場所から遠く離れた場所に移転することなど通常では起こり得ない。実際発生した事例（AFC Wimbledon（2003 年））ではサポーターがクラブ本拠地移転を拒否し，サポーター自身が元の場所にとどまり最下位リーグから新しいクラブを立ち上げた。それに対して，米国ではドジャーズのオーナーが離婚費用を賄うためにドジャーズを売却したと報道された事例もある（2011 年）[9]。

　それはさておき，米国，欧州のプロスポーツは企業価値が計算され，買収金額を上回る評価額で転売可能である。特に球団が流動性のある商品と捉えられているのが米国である。それに対して日本・欧州では依然としてスポーツは商品ではないとの認識が強く，特に日本ではプロスポーツ球団（クラブ）が親会社の実業団スポーツの色彩が強いため単独で利益を生む経済主体と見なされていない例が多い。また企業の情報開示が十分でなく売買事例も少ないため，企業価値の計算が難しいことが米国との大きな違いである。

　プロスポーツがスポーツビジネスであれば，価値を生んで流動性が生まれ，売買事例が出るはずである。先述の鹿島アントラーズの事例はヨーロッパのトップリーグと比較はできないとしても，利益を生む経済主体と評価されていれば，異なる買収金額になったかもしれない。親会社の経済規模に比較すれば，子会社の球団（クラブ）は小さい存在かもしれないが，ファンにとっては重要である。球団（クラブ）は企業価値向上のために努力することが期待される。

　なお，英国では，株式会社であれば，会社登記所に財務諸表を登記する義務があるので上場，非上場にかかわらず会社情報の開示が進んでいる。米国では，非上場会社については，英国における会社登記所での登記といわれる制度は見当たらない。また上場に伴う財務諸表開示等について負担が大きく，情報開示のメリットが小さいと思われているようである。1934 年証券取引所法でも非上場企業は投資家保護の対象になっていないので，情報開示義務はない。その中でフォーブスをはじめとするマスコミで財務数字が出ているのは，基本的にはマスコミの推定値である。日本もプロ野球球団の開示が少

---

[9] https://number.bunshun.jp/articles/-/117819。

ないが，親会社は当然数字をつかんでおり，また銀行借入があれば，銀行には財務諸表がフルに提出されているはずである。開示については次章の事例で見ることとする。

第Ⅲ章 | プロスポーツ球団（クラブ）の 経営開示の問題

　日本のプロ野球（NPB）の経営開示の状況を見てみよう。各社ともネット で種々の情報開示を行っているが，経営についての情報開示は限定的である。 以下が NPB における観客動員数の数字である。

図表 3-1　プロ野球セ・リーグの球団観客動員数比較

運営会社	(株)広島東洋カープ	(株)ヤクルト球団	(株)読売巨人軍
設立	1950	1950	1934
観客動員数 (年)	2,223,619 (2019：71 試合)	1,955,578 (同左)	3,027,682 (同左)
1 試合平均 観客動員数	31,319 (球場収容人数33,000)	27,543 (37,933)	42,643 (46,000)
ホーム ページ	https://www.carp. co.jp/nenshi/tokush-ouhou.html	https://www.yakult. co.jp/company/ir/ finance/ セグメント情報にもスワ ローズの記載なし	https://www.giants. jp/G/recruit/feature/ businessmodel.html

運営会社	(株) 横浜 DeNA ベイ スターズ	(株)中日ドラゴンズ	(株)阪神タイガース
設立	1949	1936	1935
観客動員数 (年)	2,283,524 (2019：72 試合)	2,285,333 (同左)	3,091,335 (同左)
1 試合平均 観客動員数	31,716 (34,046)	31,741 (49,692)	42,935 (47,808)
ホーム ページ	https://www.bay-stars.co.jp/corpo-rate/	https://baseconnect. in/companies/ b75be1e2-58d6-482e-bc89-bb90883cfb9e https://dragons.jp/ news/2018/official-partner-mizuno.html	https://hanshinti-gers.jp/home/ corporate/ 会社概要が掲載されて いるだけで，経営内容 開示は一切なし

（出典：https://npb.jp/statistics/2019/attendance.html）

各球団の情報開示をそれぞれのホームページで調査したが，巨人軍が面白い取組みを行っているのが目についた[1]。

　「株式会社読売巨人軍は，プロ野球チームを経営する企業です。」という言葉とともに，理念として「企業存続のための条件として利益を上げる」（ドラッカー）ことを明示している。すなわち利益＝売上（収益）－費用であるため，各項目（売上・費用）ごとに巨人軍の活動を紹介している。また従業員数が少ないために親会社の読売新聞社に放映権，スポンサー，グッズ販売等を業務委託していることもわかる。

　毎年ファンに満足してもらえるような魅力的なチームをつくり，魅力的な試合（観戦体験）を提供するためには，絶えず利益を上げることが必要なのです。

【社是】

　株式会社読売巨人軍は，常勝ジャイアンツの旗を掲げ，野球界をリードするとともに，全国的な人気球団として広くファンの獲得に努める。野球教室などの振興事業に率先して取り組み，国民的スポーツとしての野球人口のすそ野拡大をめざす。

　読売グループの中核会社の一翼を担い，ブランド力と収益力を高めてグループの一層の発展に寄与する。

　従来，プロ野球の球団は経営情報開示に消極的といわれてきたが，巨人軍のこのリクルート情報の中には，ビジネスモデルと現場の活動を結びつけて一般ファンにもわかりやすい説明を行っている点が，新しい試みとして評価される。また，「ブランド力」を挙げていることも，先のマンチェスター・ユナイテッドの事例と同様に注目される取組みと思われる。

---

[1] https://www.giants.jp/G/recruit/feature/businessmodel.html（アクセス2021年1月19日）

1　日本プロ野球球団の決算公告

　日本プロ野球の 12 球団はすべてが「株式会社」である。したがって，株式会社は「会社法」により会社の経営状態を表す決算を公に告知することが義務づけられている。この会社法に則って各球団は「決算公告」を行う。ただし読売巨人軍と中日ドラゴンズは非公表となっているが，ともに親会社が非上場の新聞社という事情があると考えられている。

　「公告」とは，公の場で告知をするという意味である。「決算公告」は株式会社が決算を公の場で告知する（会社法 440 条 1 項）。株式会社に決算公告が義務化されている理由は，株主や債権者が存在することにある。企業の経営状況，財務状況が公開されていれば，株主や債権者は万一のときに不良債権を抱える危険を避けることができる。つまり「安全な取引が可能な環境」を整えているのである。

　日本のプロサッカーである J リーグクラブは，決算公告で貸借対照表を開示するほか，リーグ経由で，貸借対照表と損益計算書の集計表を開示しているが（注記がないため数字の内容については不詳である），プロ野球球団は情報開示に積極的ではない（法律上は「大会社」以外は，貸借対照表の開示でよい）。それは親会社が大株主でプロスポーツビジネスを本業としない存在であることに理由があると思われる。

　「会社は誰のものか」の議論があるが，最近の潮流は，株主だけではなく，従業員，債権者，地域住民等々利害関係者も重要とされ，それらの人々に情報開示する必要があると解されている。その中で，福岡ソフトバンクホークスだけは決算公告で貸借対照表のみならず損益計算書も開示している。その理由は，会社法第 440 条によって，ソフトバンクホークスは「大会社」となり，貸借対照表のみならず，損益計算書も公告して開示する義務があるからである。

　大会社の基準は，資本金の額が 5 億円以上または負債総額が 200 億円以上の株式会社である。ソフトバンクホークスは，2012 年に本拠地のドーム（現 PayPay ドーム）を 870 億円でシンガポール政府投資会社から購入した[2]際の負債（借入金）が巨額であったため，負債が現在も 200 億円超えており，プロ

野球球団では唯一会社法上の「大会社」に該当しているのである。

　法律の趣旨は，大会社は多くの人々と関わり合いがあり，特に倒産したときの社会的影響が大きいと考えられているので，他の会社（大会社以外）よりも厳しい規制を受けるのである（2020年3月31日時点の負債総額859億円）。その他のプロ野球球団は，負債総額が200億円以上の球団はない。したがって，それらの会社（「大会社以外」という）は貸借対照表の開示だけでよいことなっている。

　各球団（ソフトバンクも含む）の資本金は5億円以下，負債総額も200億円に遥かに及ばないことがわかる。ちなみに阪神タイガースは甲子園球場を本拠地としているが，球場所有者は親会社の阪神電鉄であるので，タイガース球団の負債は小さい[3]。

図表3-2　ソフトバンクホークスの決算広告

第52期決算公告

令和2年6月12日

福岡市中央区地行浜二丁目2番2号
福岡ソフトバンクホークス株式会社
代表取締役社長　後藤　芳光

貸借対照表の要旨（令和2年2月29日現在）（単位：百万円）

資　産　の　部		負債及び純資産の部	
流動資産	4,917	流　動　負　債	16,020
固定資産	106,674	（賞 与 引 当 金）	（262）
		固　定　負　債	69,943
		負　債　合　計	**85,964**
		株　主　資　本	25,627
		資　本　金	100
		資　本　剰　余　金	16,714
		その他資本剰余金	16,714
		利　益　剰　余　金	8,812
		その他利益剰余金	8,812
		純　資　産　合　計	**25,627**
資産合計	**111,591**	**負債・純資産合計**	**111,591**

損益計算書の要旨

（自　平成31年3月1日）
（至　令和2年2月29日）

（単位：百万円）

科　　　目	金　額
売　　　上　　　高	32,493
売　　上　　原　　価	16,254
売　　上　　総　　利　　益	16,238
販売費及び一般管理費	12,730
営　　業　　利　　益	3,507
営　　業　　外　　収　　益	60
営　　業　　外　　費　　用	1,560
経　　常　　利　　益	2,008
税引前当期純利益	2,008
法人税,住民税及び事業税	1,108
法　人　税　等　調　整　額	362
当　　期　　純　　利　　益	537

---

[2] 2012年3月24日日本経済新聞

| 図表 3-3　阪神タイガースの決算公告 |

第 86 期決算公告

2020 年 6 月 17 日

兵庫県西宮市甲子園町 2 番 33 号

株式会社阪神タイガース

取締役社長　揚塩　健治

貸借対照表の要旨

（2020 年 3 月 31 日現在）　　　（単位：百万円）

科　目		金　額
資産の部	流　動　資　産	17,165
	固　定　資　産	1,739
	資　産　合　計	**18,904**
負債及び純資産の部	流　動　負　債	9,262
	（うち賞与引当金）	(25)
	固　定　負　債	688
	（うち退職給付引当金）	(15)
	株　主　資　本	8,958
	資　本　金	48
	利　益　剰　余　金	8,910
	利　益　準　備　金	12
	その他利益剰余金	8,898
	（うち当期純利益）	(384)
	評　価・換　算　差　額　等	△4
	その他有価証券評価差額金	1
	繰　延　ヘ　ッ　ジ　損　益	△5
	負　債・純　資　産　合　計	**18,904**

　ただし，阪神タイガースも負債総額が 200 億円を超えれば，「大会社」となり，貸借対照表のみならず，損益計算書も公告する義務を負う。

　決算公告の手続は以下のとおりである。

①　電子公告

②　官報または日刊新聞紙

③　計算書類のみ電磁的方法

④　有価証券報告書

　決算公告の義務を怠ったとき，または，不正の公告をしたときには，会社

3　球場は固定資産であるので，長期の資金調達（固定負債）を行い期間のマッチングを行うのが健全性から普通である。したがって，阪神タイガースの場合は，固定負債 6 億円と小さいことから球団で球場を所有していないとみる。

法976条第2号で「100万円以下の過料に処す」という罰則がある。しかし義務化されていても公告企業は少ない。その理由としては，中小企業にとって「公告のための費用も手間も大きな負担となってしまう」ことが挙げられている。さらに罰則がありながらも実態としては罰則が行使されることがないこと，そして刑罰になる罰則ではない（行政罰である過料）ことが，積極的な公告につながらない要因となっているようである。

　決算書には主に会社の資産や負債状況を表す貸借対照表と1年間の売上高や費用といった収支を表す損益計算書があるが，決算公告ではこの「貸借対照表だけを公告している球団がほとんど」で売上高（損益計算書）は公開されていない。

2　各球団の決算公告比較

　プロ野球セ・リーグの球団の決算公告を比較してみる。対象は球場が狭く観客動員数がリーグで一番少ないヤクルト（ヤクルト球団）と，京阪神では圧倒的人気であり，さらに全国的にも熱狂的ファンが多いといわれている阪神タイガースを比較してみた。

図表3-4　ヤクルト球団・阪神タイガース当期損益推移

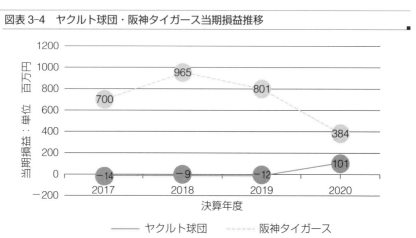

（出典：決算公告（https://kanpo-kanpo.blog.jp/archives/31934016.html）に基づき筆者作成（阪神タイガースの決算公告が2017年3月までしか遡れなかったため2017年3月～2020年3月））

　阪神タイガースが自己資本比率は 2020 年 3 月時点では 47.4％と高いのに対して，ヤクルトは 27.2％と低い。それは，阪神は毎年当期利益を実現しているのに対して，ヤクルトは 2020 年 3 月には久しぶりに当期利益を実現したが，それ以前は長く当期損失を計上しており，当期利益の積立てである利益剰余金が少ないためである。損益計算書は開示されていないが，貸借対照表で当期損益は開示されている。それを見れば，毎期の損益の推移を計算できる。

　損益計算書 (P/L) は会計年度 1 年間の取引活動の結果の利益または損失を表す「フローの概念」であり，貸借対照表 (B/S) は過去のフローである損益（「原因」）の蓄積の「結果」を表している「ストックの概念」である。貸借対照表では「株主資本」といわれる「返済が不要な資本」の表示があり，その株主資本が全体の総資本に占める割合が高ければ，球団の安全性が高いと評価される。それを自己資本比率といい安全性比率の 1 つとなっている。

　ヤクルト球団は毎年の利益の蓄積が少ないため，結果的に自己資本比率は 27.2％（2020 年 3 月）であるのに対して，阪神タイガースは 47.4％と高く

図表 3-5　ヤクルトの決算公告

第 71 期決算公告

令和 2 年 4 月 7 日　　東京都港区北青山二丁目 12 番 28 号

株式会社ヤクルト球団

代表取締役　衣笠　剛

貸借対照表の要旨（令和元年 12 月 31 日現在）　　（単位：千円）

科　目	金　額	科　目	金　額
流　動　資　産	2,458,577	流　動　負　債	2,147,754
固　定　資　産	718,484	（賞与引当金）	(17,130)
		（災害損失引当金）	(6,758)
		固　定　負　債	165,712
		（退職給付引当金）	(162,653)
		株　主　資　本	863,595
		資　本　金	495,000
		資　本　剰　余　金	195,000
		資　本　準　備　金	195,000
		利　益　剰　余　金	173,595
		利　益　準　備　金	75,000
		その他利益剰余金	98,595
		（うち当期純利益）	(100,652)
資　産　合　計	3,177,061	負債・純資産合計	3,177,061

第 64 期決算公告　　　　　　　　　令和 2 年 4 月 14 日
広島市南区南蟹屋二丁目 3 番 1 号
株式会社広島東洋カープ
代表取締役社長　松田　　元
貸借対照表の要旨　（令和元年 12 月 31 日現在）

	科　　目	金　額（百万円）
資産の部	流　動　資　産	7,365
	固　定　資　産	7,016
	資　産　合　計	**14,382**
負債及び純資産の部	流　動　負　債	3,490
	固　定　負　債	1,856
	負　債　合　計	**5,347**
	株　主　資　本	9,035
	資　　本　　金	324
	利　益　剰　余　金	8,711
	利　益　準　備　金	81
	その他利益剰余金	8,630
	（うち当期純利益）	（487）
	純　資　産　合　計	**9,035**
	負 債・純 資 産 合 計	**14,382**

第 67 期決算公告

2020 年 3 月 27 日　　　　　　　　横浜市中区尾上町一丁目 8 番地
株式会社横浜 DeNA ベイスターズ
代表取締役　岡村　信悟
貸借対照表の要旨（2019 年 12 月 31 日現在）（単位：百万円）

科　　目	金　　額	科　　目	金　　額
流　動　資　産	5,006	流　動　負　債	3,137
固　定　資　産	10,435	固　定　負　債	6,903
		負　債　合　計	**10,040**
		株　主　資　本	5,401
		資　　本　　金	100
		資　本　剰　余　金	550
		その他資本剰余金	550
		利　益　剰　余　金	4,751
		利　益　準　備　金	3
		その他利益剰余金	4,748
		（うち当期純利益）	（1,525）
		純　資　産　合　計	**5,401**
資 産 合 計	**15,441**	**負 債・純 資 産 合 計**	**15,441**

図表3-8　セ・リーグ各球団の経営の安定性指標比較

1　自己資本比率（純資産/資産合計）：自己資本は返済期限のない資本であるので，この比率が高いほど企業財務は安定しており，財務内容がよい会社といえる。

横浜：$\dfrac{5,401}{15,441}$＝35.0％

広島：$\dfrac{9,035}{14,382}$＝62.8％

ヤクルト：$\dfrac{863}{3,177}$＝27.2％

阪神：$\dfrac{8,894}{18,068}$＝49.2％

2　流動比率（流動資産/流動負債）：短期的な支払い能力のチェック。1年以内に返済しなければならない流動負債を，現預金等1年以内に現金化できる流動資産でどれだけ賄えるかをみるもの。この比率は高い方がよいとされている。

横浜：$\dfrac{5,006}{3,137}$＝159.6％

広島：$\dfrac{7,365}{3,490}$＝211.9％

ヤクルト：$\dfrac{2,458}{2,147}$＝114.5％

阪神：$\dfrac{17,165}{9,262}$＝185.3％

（出典：各球団決算公告（2020/3月期））

なっているのは，毎年の利益の蓄積の結果といえる。

　図表3-3（阪神）から図表3-7（DeNA）に掲載したセ・リーグの各球団の決算公告から，経営の安定性をチェックした結果を図表3-8にまとめた（2020年3月期）[4]。

　これを見れば，ヤクルト球団は他と資産規模が一桁小さい[5] ことがわかる。過去の利益の蓄積も小さいので自己資本比率も他の球団に比較して低いことが読み取れる。経営の安定性の指標の1つである流動比率[6] も望ましい基準の150％を遥かに下回っている。親会社は東証1部上場の株式会社ヤクルト

---

[4] 巨人と中日は損益計算書はもちろん貸借対照表も開示していないため計算できない。

[5] 資産合計。ヤクルトのみ単位は千円。他の球団は百万円単位である。

[6] 1年以内に返済期限の来る負債（借入金等）を1年以内に満期が来る資産でどの程度カバーしているかの指標。

本社で，経営成績も過去 5 年間も順調に推移している。親会社の資金不足で子会社のヤクルト球団の経営が厳しいとの見方は当たらない。そうであれば，なぜヤクルト球団は他の球団と経営規模が異なり小さいのかだろうか[7]。

仕事で損益計算書を読む人は多い。しかし貸借対照表を読む人は少ない。一番読む人は「銀行の融資担当者（お金を貸す担当）」である。なぜなら銀行にとっては，会社が利益を上げていることよりも貸したお金が無事に期限に返済になるかどうかを優先するためである。したがって，安全性分析が重要になってくるのである。これに対して会社の利益率が高いかどうかに注目し収益性分析をするのが投資家であり，証券会社である。彼らは損益計算書に注目する[8]。

ヤクルト球団の親会社である株式会社ヤクルト本社の経営数字は以下の図表 3-9 のとおりである。

図表 3-9　株式会社ヤクルト本社業績推移（2016-2020）

（単位百万円）

	連結				
	2016 年 （平成 28 年） 3 月期	2017 年 （平成 29 年） 3 月期	2018 年 （平成 30 年） 3 月期	2019 年 （平成 31 年） 3 月期	2020 年 3 月期
売上高	390,412	378,307	401,569	407,017	406,004
営業利益	40,057	37,281	43,463	45,846	45,675
経常利益	50,629	49,370	53,054	57,121	58,478
親会社に帰属する 当期純利益	28,843	30,154	34,064	34,935	39,735

（出典：https://www.yakult.co.jp/）

株式会社ヤクルト本社の決算短信（（2021 年 3 月期〜第 2 四半期決算短信〔日本基準〕（連結））にも関係会社の 1 つとして，以下のように株式会社ヤクルト球団の記載がされている。

---

[7]　https://www.yakult.co.jp/company/ir/finance/highlight.html#no02
[8]　太田（2018）pp.162-3

> 　グループのその他事業部門には，化粧品の製造販売およびプロ野球興行などがあります。
>
> 　プロ野球興行につきましては，新型コロナウイルス感染拡大に伴い，入場者数を制限した状況での試合開催を余儀なくされ，影響を受けましたが，安心して観戦していただける環境づくりと各種ファンサービスを通じて皆さまの期待に応えるべく対応を図りました。

　その他事業部門の連結売上高は，78億700万円（前年同期比33.9%減）で，化粧品とプロ野球のセグメント別経営情報は開示されていない。

　以上を勘案すると，親会社である株式会社ヤクルト本社にとって，ヤクルトスワローズは関係会社の1つではあるが，本業（乳酸生菌飲料生産・販売）ではなく規模も小さい。したがって，コーポレート・ガバナンス（企業統治）の観点から，経営資源をつぎ込まない，また積極的にPRもしないとの堅実な経営方針が背景にあるものと思われる。

　それに対して，阪神タイガースは恵まれていることが安定性の数字からも明らかであるが，昨今の厳しい外部環境から無縁では居られない。

【藤川，福留，能見，上本…チームの顔を大リストラ　阪神が阪急タイガースになる日】

> 　阪神タイガースの親会社は昔は阪神電鉄であったが，2006年阪神電鉄をライバルの阪急電鉄が買収。阪急阪神ホールディングが誕生。阪急電鉄もプロ野球球団を所有していた。阪急軍（1936年—1946年），阪急ブレーブス（1947年—1988年）である。
>
> （中略）
>
> 　「これまで阪神さんは特別扱いだった。阪神さんでこれまで通り，好きにやってくれと。しかし，もうそういう時代じゃないってことだ」こう話すのは，2006年に阪神電鉄を子会社化した阪急電鉄の幹部だ。阪急電鉄もかつて阪急ブレーブスの親会社だった。しかし，同じプロ野球チームでも阪神タイガースは球界では"別格"だったという。

「いい話は 10 倍，悪い話は 100 倍で阪神の場合は報じられ，伝わって
いく。いい話ばかりだとプラスだが，悪い話が一つあれば帳消し。それ
が株価やグループの利益にすぐに反映してくるのが，阪神の凄さ。阪急
ブレーブスの時代にはなかった。今は，うちの傘下にある阪神。こちら
の意向もしっかり伝えて，口出しする時代がやってきた。とりわけ，2
度も選手が集団で新型コロナウイルスに感染したことが大きい。『選手
から感染者が出て，阪急や阪神に乗るとコロナになる』なんてデマが広
がる。野球は別格とやっていては，グループ全体に影響するし，株主さ
んも承知しない。コンプライアンスを重視して，阪神もしっかりと成果
主義で行かないとダメですよ」（前出の阪急幹部）

（出典：「週刊朝日」（AERA dot.）2020 年 10 月 30 日（金））

　先にサッカーＪリーグの鹿島アントラーズの株式売却のトピックスを扱っ
たが，元々のオーナーは住友金属，それが新日本製鐵と合併し，日本製鐵と
なった。日本製鐵にとっては鹿島アントラーズは，本業（粗鋼生産）重視で全
社的にリストラを推進する経営方針からはみ出る存在と捉えられたのかもし
れない。

　それに対して阪神タイガースは超人気球団で親会社の経営にもインパクト
を与える存在である。阪神電鉄を子会社化した阪急電鉄は阪神タイガースの
企業統治が本業（電鉄業）に大きな影響を与えることを痛感したのである。
筆者も関西に長く居たのでわかるが，関西における阪神タイガースの存在は
他の地方からすれば想像を絶する大きさである。

　2006 年には投資家村上世彰氏による親会社阪神電鉄株式買占め，子会社
阪神タイガース上場事件も発生したことからも明らかである。すなわち村上
氏は阪神タイガースの資産価値は甲子園球場の評価も含め大きいと計算した
ので，上場によって利益を得ようとしたと見られている。

3　プロサッカークラブの情報開示

　次にプロサッカークラブにおける情報開示について見たい。Ｊリーグクラブで上場しているクラブはないが，Ｊリーグはプロ野球に比べて情報開示に積極的であり，リーグ経由で財務情報を定期的に集計し，開示している。ただし注記はなく，詳細は不明な部分はある。

【コンサドーレ札幌平成 26 年 6 月期決算公告】

> 　当社は平成 20 年 5 月 23 日に 253,000 千円の増資を行うにあたり，平成 20 年 3 月 21 日に有価証券届出書を提出したことから金融商品取引法 24 条 1 項 3 号[9] に該当することとなり，有価証券報告書を提出して参りましたが，報告書提出開始年度終了後より 5 年を経過し，第 18 期（平成 25 年度 1 月 1 日から 12 月 31 日）の末日及び第 18 期の開始の日前 4 年以内に開始した事業年度全ての事業年度の末日において株券の所有者が 300 名未満であるため，平成 26 年 6 月期より継続開示義務の免除を受けることとなりました。今後は簡便な方式により決算報告をさせていただきます。

　コンサドーレ札幌は平成 25 年 12 月期までは，有価証券報告書を提出し，その中で貸借対照表，損気計算書，キャッシュフロー計算書，株主資本等変動計算書を開示していた。しかし，継続開示義務がなくなったため，第 19 期からは簡便な方式によって決算報告を行うことになった。それまでは貸借対照表，損益計算書，および株主資本等変動計算書を開示してきたのである。
　Ｊリーグクラブは，非上場企業であるので，金融商品取引法第 2 章企業内容開示が除外されている。それに対してコンサドーレ札幌は上述の事情があり継続開示を行ってきた。その他のＪクラブの開示との相違が興味深い[10]。

---

[9] 募集または売出しにつき有価証券届出書を提出した有価証券の発行者
[10] https://www.consadole-sapporo.jp/club/settlement/

なお，発行開示と継続開示の概略図は第 11 章参照。

【参考文献】
太田康宏（2018）『ビジネススクールで教える経営分析（日経文庫）』日本経済新聞社

サッカー選手は設備なのか
─移籍に伴う選手登録権の「減価償却」─

「企業は人なり」，すなわち企業で最も需要な資産は人材という経営者は多いが，会計の世界では人材の価値は計上されない。そこには「資産とは何か」という今日的な問題がある。それは工業化社会から現代の情報化・サービス化社会への産業構造のシフトが進展することによって生まれてきた問題である。なぜなら情報化社会ではこれまでの枠組みではとらえられない資産が登場するからである。優秀な人材は間違いなく企業にとっては「財産」であるが，貸借対照表では表示されない「隠れ資産」となっているのである。

日本のプロサッカークラブ（企業）にとって，選手は「人件費」として損益計算書に計上されるが，貸借対照表に資産計上はされない。英国のプロサッカークラブでも報酬・契約金については同じ扱いとなっている。しかし，移籍金の扱いは日本とは異なり資産計上されるのである。資産については，第7章の貸借対照表の項で詳細に説明するので，ここではサッカー選手の移籍金の会計上の論点について，簡単に触れておく。

1　選手の資産計上

英国ではサッカー選手は資産計上されるが，選手はスタジアムと同じような資産なのであろうか。さらには，選手は皆同じく資産として認識されるのであろうか。

結論を先にいうと，移籍金が発生した選手は資産計上され，発生しなかった選手は計上されない。その移籍金を契約年数で減価償却（amortization）[1]して毎年の費用計上をするのである。

サッカー選手も普通の企業のサラリーマンと同じ，従業員（employee）であ

---

[1] 長期間にわたって使用される固定資産の取得に要した支出をその資産が使用できる期間にわたって費用配分する手続。定額法と定率法がある。有形固定資産では deprecition，無形固定資産（例：選手登録権）では amortization という。

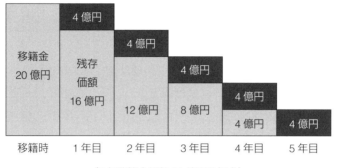

（5 年移籍金総額 20 億円の場合）

る。従業員とは，企業と雇用契約を結び，雇用契約に基づいて雇用されている人と定義できる。選手が他のサラリーマンと大きく異なるのは，通常数年にわたる有期制（a fixed time period）の契約を交わしていることである。この契約形態によって，選手はその契約期間中は契約しているクラブでのみプレーすることになっている。逆に言えば，クラブはその選手を独占的に使用することができる。

　その仕組みであるが，選手は各国のサッカー協会に登録され，クラブは登録証（player's registration certificate）を保持している。欧州サッカー連盟（UEFA），世界サッカー連盟（FIFA）の規則では，選手は登録証が移転されなければ新しいクラブに移籍できない。そこで，その選手を獲得したいクラブは，選手の登録証移転と引き換えに移籍金（a transfer fee）という慰謝料を支払うことになっている[2]。

　世界のプロサッカー界での最高給選手であるメッシ選手（Lionel Messi：バルセロナ FC）は，年俸 \$126m（£97.2m（約 132 億円@ Y105）（Forbes 2020））であるが，驚くべきことに，所属クラブのユース出身であり，クラブは移籍金が不要（ゼロ）であったため，クラブの貸借対照表には計上されていない。メッシ選手に限らず，有名選手の中にはユース出身（一度も移籍していない），

---

[2] 契約期間が残っている場合のみ。契約期間終了時の移籍には移籍金は発生しない。英国だけに限らず，日米のプロスポーツでも同様の扱いとなる。そういう状況の選手をフリーエージェント［a free agent 自由契約選手］と呼ぶ。

または自由契約選手（契約期間満了）として移籍金が発生しない例がある。この場合，当該クラブの貸借対照表には，それらの選手は「隠れ資産」となっているのである。

　昨今，富裕な投資家によるクラブの買収が増加しているが，移籍金は計上されてはいるが，サービス業そのものであるプロサッカーの選手の多くは貸借対照表に計上されていないので，隠れ資産をいかに見つけて買収価格を評価するかが課題となっている。

　ただし，下記のリストにはメッシ選手以外に移籍金ゼロの選手はいない。ユース出身で一つのクラブで生涯を過ごし，一流選手として活躍することは稀有の存在といえる。なぜなら他のクラブが虎視眈々と一流選手を狙っており，高額の移籍金で他のクラブへ移籍するのが常であるからである。しかし獲得したクラブにとっても支払移籍金について毎年償却費用が計上されるので，最終利益をプラスにもっていくのは大変であることがわかる。もちろん，減価償却は現金の移動を伴わないので，キャッシュフロー計算書[3]では，減価償却金額がキャッシュフローの計算上戻されることになる。

図表4-2　高収入サッカー選手のリスト

Forbes list of highest earning footballers 2020

Forbes list of highest earning footballers
1. Lionel Messi (Barcelona and Argentina) ＄126m（£97.2m）132億円@Y105
2. Cristiano Ronaldo (Juventus and Portugal) ＄117m（£90.3m）
3. Neymer (Paris Saint-Germain and Brazil) ＄96m（£74.1m）
4. Kylian Mbappe (Paris Saint-Germain and France) ＄42m（£32.4m）
5. Mohamed Salah (Liverpool and Egypt) ＄37m（£28.5m）
6. Paul Pogba (Manchester United and France) ＄34m（£26.2m）
7. Antoine Griezmann (Barcelona and France) ＄33m（£25.5m）
8. Gareth Bale (Real Madrid and Wales) ＄29m（£22.4m）
9. Robert Lewandowski (Bayern Munich and Poland) ＄28m（£21.6m）
10. David de Gea (Manchester United and Spain) £27m（£20.8m）

（出典：フォーブス（2020年））

---

[3] 会社のキャッシュフロー（現金収支：現金の流れ）の状況を報告する役割を担っている。詳しくは第9章参照。

2　移籍（金）の基本

移籍（金）の基本についてまとめると以下のとおりとなる。

(a)　プロ選手の契約期間

　最短は契約時からそのシーズンの終了まで。最長5年間。

(b)　移籍可能期間（transfer window）

　①　例年6月から8月末までの12週間以内

　②　1月1日〜1月末日までの4週間以内。すなわち年2回移籍のための窓（window）が開いているが，それ以外の時期は移籍不可となっている。

(c)　選手獲得の方法

　①　移籍（transfer）

　②　フリーエージェント（free agent：自由契約）

　③　ローン契約（loan signing）

　④　ユースアカデミーからの昇格（youth academy）

(d)　契約年数

　①　複数年契約（有力な選手が対象。ただし故障や成績不振のリスクあり）

　②　単年度契約（他クラブに無料移籍のリスクあり）

(e)　移籍金（transfer fee）

　移籍補償金（違約金）を指す。プロサッカー選手がプロ選手として契約の期間満了前に移籍する場合，移籍元クラブ（売り手）が移籍先クラブ（買い手）に請求するもの。金額は両クラブの合意によって決定される。

(f)　選手を残さない場合

　当該選手をクラブに残さない（または残らない）場合は，満了6か月前までに移籍をさせるよう売り手クラブは努力する。

(g)　契約満了

　契約満了となれば，選手は自由契約となり，移籍金なしでクラブを移籍することができる。移籍金の有無・高低は選手には関係がなくクラブ間の交渉事である。

(h)　移籍の成立

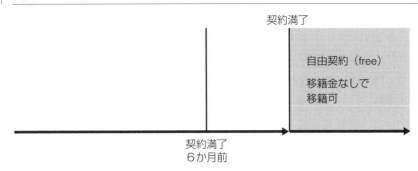

図表 4-3　移籍契約の基本構造

・選手は他のクラブと契約交渉可
・現所属クラブは選手と契約更改交渉
・合意できない場合，選手から移籍要求（transfer request）
・移籍する場合は，移籍金（transfer fee）発生

（出典：西崎信男（2018））

　移籍が成立するためには，選手が買い手クラブと報酬（wage）等で同意することが前提となる。

3　資産の定義

　Oxford（2016）によれば，資産（asset）とは，ほとんどの国の会計団体で同様の扱いとなるが，過去（past）の取引（transaction）または出来事（event）の結果（result）として獲得したか（obtain），または支配する（control）ことによって将来の起こる可能性がある（probable）経済的便益（future economic benefits）の源（source）となるものと定義している[4]。

　資産についての詳細は，第 7 章にて説明するとして，次にサッカー選手の移籍金の会計上の計上についての論点を挙げておこう。

　サッカークラブにとって資産（asset）とは何であろうか。条件は以下のものと考えられる。

---

[4] Oxford Dictionary of Accounting（2016）p.34

① 所有者（クラブ）が対象物（例：選手の登録権，コンピューター）を所有していて管理（control）している。すなわち，その所有を行うことでリスクとリターンを得ている。選手の売買は人権上の問題もはらんでいるので，選手の登録権の売買と考える。

② 資産を所有することで経済的便益を享受している。すなわち，収入を得るか（income）または費用の削減（cost）のメリットがある。選手の場合は，観客を集め，放送会社やスポンサーを惹きつける。コンピューターの場合は，情報コストの削減に寄与している。

③ 過去のイベントによって発生する。選手の場合は「契約」である。コンピューターの場合は，過去の機器の購入である。

④ 貨幣価値で客観的な数字が求められる。

簡単な例を挙げて計算すると，以下のようになる。
・移籍金（無形固定資産計上）‥‥‥10億円
・契約期間‥‥‥‥‥‥‥‥‥‥‥‥‥5年
・毎年の償却金額（費用計上）‥‥‥10÷5＝2億円（定額法の場合）
・その選手の各年度の純資産価額（net present value）＝移籍金（transfer fee）－移籍金償却金額累計（total amortization expenses）

　1年終了時資産価額（簿価）　8億円（10－2）
　2年終了時資産価額　　　　　6億円（10－2×2）
　3年終了時資産価額　　　　　4億円（10－2×3）
　4年終了時資産価額　　　　　2億円（10－2×4）
　5年終了時資産価額　　　　　0億円（10－2×5）

　日本人選手に関しても，2020年スペイン2部（SEGUNDA DIVISIÓN）のサラゴサ（Real Zaragoza）所属の香川選手が当初契約2年の1年経過後にクラブから退団を迫られた事例が発生した。

　前述のように，選手は契約によって縛られるので，香川選手は1年経過の時点では自らは他に移籍できない。その代わりクラブは契約選手をその期間解雇できない。解雇する場合は，選手の同意と違約金の支払が必要であると

いうのが法律的な解釈である。

　報道によれば，クラブは香川選手の高年俸 (6,000 万円) を負担できないとの理由で退団を迫ったとあるが，その場合クラブは残り 1 年間の年俸を支払って契約解除することになる。またはクラブは支配下にある香川選手を他のクラブに移籍させることができる (残存 1 年間の移籍金を獲得できる)。しかしいずれも選手の同意が必要である。中東から移籍のオファーがあったが，香川選手が同意せず移籍はなくなったとのことである。

　最終的には香川選手は契約解除に同意し (mutual agreement)，その後 2021 年になってギリシャ 1 部のクラブに移籍が決定したと報道されている。このギリシャのクラブにとっては，香川選手は所属クラブがない選手 (自由契約選手 free agent) であるので，移籍金が不要で経済的に安く獲得できるメリットがある。欧米社会では契約が重視されるので，違反する場合は違約金・慰謝料を払うことになる。

　近年の事件として，英プレミアリーグのチェルシー FC がコンテ監督を契約期間中に一方的に解雇し，裁判に持ち込まれた事例がある。違約金と慰謝料併せてコンテ監督とコーチに総額 266 万ポンド (37 億円) 支払ったことがチェルシー FC の財務諸表に計上されている。

【参考文献】
西崎信男 (2018)「プロサッカー移籍金の経営学」『証券経済学会年報』第 52 号別冊　第 87 回全国大会 学会報告論文
The Japan Times (2020) https://www.japantimes.co.jp/sports/2020/10/03/soccer/shinji-kagawa-real-zaragoza-contract/
Chelsea Football Club (2019 決算書特別損益 exceptional costs)。https://find-and-update.company-information.service.gov.uk/company/02536231/filing-history Group of companies' accounts made up to 30 June 2019 2021/1/31 アクセス

このクラブにお金を貸して大丈夫か
―キャッシュ(現金)が王様―

　先にプロ野球の球団が決算公告で法律上要求されている貸借対照表だけ開示していて,損益計算書が開示されていないことを述べた[1]。もちろん球団に資金を提供する外部の利害関係者は球団だけを見ているのではなく,親会社の信用度を見ているから資金を貸している。

　貸借対照表は決算時点における当該会社の資産と負債状況を表すもので,その会計年度1年間のフローの損益を示すものではない。会社が儲かっているかどうか,大多数の利害関係者は損益計算書に注目するが,資金を貸す銀行の担当者は貸借対照表に注目する。それは銀行にとっては,貸した資金が決められた金利支払時期に返済されるか,満期(返済期限)に無事に返ってくるかどうかがポイントになるからである。その際に重要になるのは,当該会社(借入人)の資産負債状況で,返済が無事に進むかどうか安全性の分析で使用するのが貸借対照表なのである。もちろん,銀行は借入人から損益計算書,キャッシュフロー計算書も徴求(「提出させる」銀行用語)する。

　貸したお金が返ってこない,すなわち倒産(債務不履行)するとはどういう事態なのであろうか。それは返済期限がきた負債(会社の借金)を返済できないとき,すなわち現金がないときである。

　例えば,財務諸表で当期損益が赤字であっても,負債が資産を上回っている(債務超過)ことで(上場会社であれば)上場廃止基準に抵触しても,直ちに倒産するわけではない。支払原資となる現金を準備できるかどうかが重要なのである。そのため近年では,貸借対照表,損益計算書だけではなく,現金の移動を示す「キャッシュフロー計算書」が重要となってきている[2]。おカネを貸す金融機関にとってもキャッシュフローの把握は大切であるが,会社

---

[1] 唯一,福岡ソフトバンクホークスは会社法上「大会社」であるので,貸借対照表と損益計算書の開示がなされている。

[2] 2000年3月期から金融商品取引法で開示が義務付けられた。当時は日本経済がバブル崩壊後の低迷時期で海外から資本を呼び込む必要があったので制度を変更した。

（借入人）にとっては生殺与奪は現金次第なのである。昔から「勘定合って銭足らず」（帳簿上では黒字になっているが現金がない）という言葉で，現金の重要性が表現されている（詳細は第9章キャッシュフロー計算書参照）。

　日本のプロスポーツでは，親会社が大企業であることが多く，勘定合って銭足らずの事態に陥ることはまずはない。しかし，例えば英国のプロサッカーでは伝統的に地方の資産家がオーナーとなることが多く，そういう事態が起こり得るのである。

　EFL（イングランドリーグ）4部（League2）Bury FC（ベリーと発音する）は2018/19シーズン2位で2019/20シーズン3部（League1）に自動昇格を達成した。当然サポーターもクラブも盛り上がっているはずであった。しかし新シーズン開始の直前（2019），財務上の問題から債務不履行（Insolvency：負債の返済期限が到来したが，払えない事態）を発生させ，リーグからペナルティで勝点減点の処分を受けた。猶予期間を与えられたが，クラブオーナーによる乱脈経営が明らかになり，スポンサー（出資者）候補が最終的にクラブを買収することを断念，クラブはリーグから追放される処分を受けた（2019年8月27日）。

　昇格したばかりのBury FCに何が起こったのだろうか。全貌は不詳であるが，関係者によるオフショア（海外の口座を取引に使用）を利用した不明瞭な取引が介在していたようである。

　英国のプロサッカークラブでは，オーナーはクラブの持ち主（大株主）であると同時に熱烈なサッカーファンであることが多い。クラブの成功を夢見て買収した後に，財務的に無理がある強引な選手補強を行うことがあり，Bury FCについても，これが大きな原因といわれている。その結果4部から3部へ自動昇格を果たしたものの，資金繰り（現金の用意）がつかず，昇格を狙って獲得した高給選手への給料支払もままならず，国税当局から税金の滞納で裁判所に訴訟が提起される事態に陥ったのである。

　英国のサッカーリーグであれば，クラブ買収に興味を持つ関係者もいることから，通常であれば債権者[3]が債権切り捨て[4]に応じて最終的には救済され

---

[3]　クラブに資金を提供している利害関係者。銀行等。

ることが多い。このクラブの事例でも同様に，2019 年 7 月 18 日の「債権者
会議にて CVA（Company Voluntary Arrangement：民事再生手続）の条件に原則合
意」[5] が成立した。

　内容は無担保債権者[6] に対する 25 ％の返済（75 ％債権カット），担保権者に
は 100 ％返済，そして football rule（サッカー関係者の債権を優先する）の適用
であった。しかし最終的には現オーナーは借金総額の 25 ％の返済原資とな
る十分な資金を確保できず，「CVA で決めた内容に対する違反で CVA は終
了」したのである（2019 年 3 月 9 日）。

　2000 年前後は，経営が破綻しているクラブが散見されたが，2000 年代に
入りプロサッカーが有料テレビの最高の人気コンテンツとなったため，トッ
プリーグに資金が集中して好景気を享受した。一方，下部リーグではそのあ
おりで選手の給料が高騰し，経営がますます苦しくなって，神風を期待する
経営を行い破綻する事例が出てきた。まさにこの Bury FC の事例ではそれが
顕著に表れたのである。

　上位クラブとて，放映権料収入は急増したが，他方選手の報酬や移籍金が
それ以上に急騰したため，経営は困難を極め欧州の 5 大リーグ（英・西・伊・
独・仏の一部リーグ）で人件費削減の動きが出てきた。それが次の第 6 章で述
べる「フィナンシャル・フェア・プレー（Financial Fair Play）規制」である。

---

[4] 貸金が全く返済されないというリスクを回避するために，貸付金の返済大幅減額に
　同意する。
[5] しかしリーグ規則で CVA に入ったことが倒産（insolvency）に該当するとして勝ち
　点 12 点減点となった。
[6] 返済が滞った場合に貸付金の代金を回収するための担保物件なしの貸付。国税債権
　も同順位で含まれる。

coffee break 1　スポーツの特殊性（熱狂：Passion）

　スポーツ企業が一般企業と比較して大きく異なる点として，ファンのスポーツに対する熱狂的応援がある。一般企業であれば，よほどのブランドでない限り，価格を上げるとライバル企業に同種商品の需要を持っていかれる。ところがスポーツに関しては，例えば自分が応援するクラブが負け続けても，入場料を値上げされても，ファンは（しぶしぶかもれないが）ついていく。

　その現象を英国のサッカーを例に挙げて経済学的に考えてみよう。

　世界で11億人のサポーターがいると自負している（年次報告書）マンチェスター・ユナイテッドは英国イングランド北西部に位置する大都市マンチェスターのクラブである。そこには宿命のライバルであるマンチェスター・シティが存在する。筆者が昔留学したマンチェスター大学はマンチェスター・シティの旧ホームグラウンド Maine Road のすぐ近くで，大学はマンチェスター・シティのサポーターが多かった（トイレの落書を見る限り）。土曜日の夜は，ユナイテッドとシティのサポーターがぶつからないように，警官があちこちに立ってものものしく警備していた。

　例えば，マンチェスターでスポーツ用品を販売するA店が，ユナイテッドのシャツを1枚50ポンドで販売しているとする。他の洋品店も同じく50ポンドで販売しているという状況で，A店は200枚を販売することができた。その後，A店だけがシャツの価格を1枚60ポンドにすると，販売量が80枚に減少した。

　この場合の「需要の価格弾力性（価格を1単位上げることで需要がどれだけ変化するかを示す指標）」は，価格の変化率に対する需要の変化率であらわされる。

　需要の変化率＝（80－200）／（80＋200）／2＝－85.71％

　価格の変化率＝（60－50）／（60＋50）／2＝18.18％

　需要の価格弾力性＝－85.71／18.18＝4.71（弾力性を正の値と定義する）

　ユナイテッドのファンは，ユナイテッドのシャツが欲しいだけで，A店に

あるユナイテッドのシャツが欲しいわけではない。そこでＡ店だけが値上げしたら，サポーターは他の洋品店でシャツを購入することになる。すなわち価格を18％上げただけなのに，需要は85％減少したことになる。通常，コメや野菜などの生活必需品は価格弾力性が小さく，宝飾品などの贅沢品は価格弾力性が大きいといわれる。

これに対して，マンチェスター・ユナイテッドとマンチェスター・シティがそれぞれ年間シーズンチケットを900ポンドで売り出し，その価格でユナイテッドは30,000枚を販売したとしよう。翌年，ユナイテッドが価格を1,000ポンドに上げたのに対して，シティは価格を900ポンドで据え置くと仮定する。普通の商品（財）であれば，同じプレミアリーグのトップクラブの試合であるので，ユナイテッドのシーズンチケットは減少し，シティのチケットは増加することが考えられる。

例えば，ユナイテッドのチケットの販売数が28,000に減少したと仮定した場合の需要の価格弾力性は次のとおりとなる。

需要の変化率＝（28,000－30,000）/（30,000＋28,000）/2

$$＝－2,000/29,000＝－0.69％$$

価格の変化率＝（1,000－900）/（1000＋900）/2＝10.52％

需要の価格弾力性＝0.69/10.52＝0.066

すなわちユナイテッドが価格を10％値上げしても，サポーターは100ポンド安いシティのシーズンチケットを買うわけではない。ユナイテッドのサポーターは「ユナイテッド命」であるので，シーズンチケットの需要はほとんど減らない（減少率は1％以下にとどまる）。すなわちサポーターはシーズンチケットの価格が高くなったから，相対的に安いライバルクラブのサポーターになることは絶対にないのである。経済学では，弾力性＞1であれば弾力的であり，弾力性＜1であれば非弾力的という。

上記の例では，シャツの価格弾力性4.71＞1であり，「弾力的」。シーズンチケットの価格弾力性0.066は＜1であり，「非弾力的」である。スポーツ商品の特殊性はクラブに対する忠誠心（loyalty）に表れているのである。

この例でも明らかなように，一般商品であってもサッカーのサポーターの

ようにその商品に対する忠誠心（brand loyalty）を醸成する方向性が期待されている。ブランド・ロイヤルティとは，顧客がブランドに対してどの程度忠誠心または執着心を持っているかということである。ブランド・ロイヤルティが強ければ強いほどブランド・エクイティ（あるブランドが顧客，取引先，または社会全体に対して持つ様々な無形的な資産価値）を高める。

　以上，需要の価格弾力性について述べたが，スポーツファン，特にサッカーのサポーターの熱狂は特殊である。ある時，プレミアリーグのチェルシーFC のサポーターと意見を交わしたことがある。私は，チェルシーはオーナーのアブラモヴィッチ（Roman Abramovich）が 100 ％所有する個人会社がクラブ株式を 100 ％所有しているので，まがいもなくクラブはオーナーのモノ，すなわちオーナーのワンマン会社である。さらにオーナーが個人でクラブに特別の貸付（soft loan）まで行ってクラブを支えていると言われていると説明したが，その方は「オーナーは一時的にクラブを所有しているだけ。クラブは自立していてサポーターのものである」とあくまで主張していた。日本のプロスポーツ球団（クラブ）でもよく聞かれそうな話である。

　米国の有名な投資家であるウォーレン・バフェット（Warren Buffett）はコカ・コーラ（Coca−Cola）が大好きで 1 日 5〜6 本のコカ・コーラを飲むといわれている。同時にバフェットの会社であるバークシャー・ハサウェイ 社（Berkshire Hathaway）はコカ・コーラ社（The Coca−Cola Company）の大株主でもある。それでもコカ・コーラの愛飲者だから，コカ・コーラ社は自分のモノと主張する人はいないだろう。その意味でサッカーの熱狂は特殊だといえる。しかし，だからこそサポーターなのだといえるかもしれない。

（参考）Maguire（2020）pp.76-79

1　フィナンシャル・フェア・プレー規制の導入

　プロサッカークラブでは伝統的に「勝利」が最優先されるため，財務を軽視して選手を補強することがある。近年，選手移籍金や報酬が高騰し，クラブ財務が破綻する事例が増加したことを発端として，フィナンシャル・フェア・プレー規制（収支均衡規制（FFP：Financial Fair Play））が導入された。

　欧州トップリーグである英プレミアリーグで初の倒産（insolvency：債務不履行）事例である Portsmouth FC（現在 3 部），さらには Leeds United（現在 1 部プレミアリーグに復帰）等，1986 年以降に 81 クラブが債務不履行（insolvency events）を記録し，倒産処理に移行した（administration）。しかし，最終的には債権団による債権切り捨て合意等によってほとんどのクラブは存続している。

　このような事態に，各国のサッカー当局はクラブ消滅を防ぐため規制に乗り出した。背景には小国が集まる欧州ではサッカーは最高の人気を誇っており，単なるスポーツではなく，「欧州の絆を強める文化」であるとの特別の扱いを受けているからである。

　フィナンシャル・フェア・プレー規制は，欧州サッカー連盟（UEFA）が導入し，各クラブに対して，世間では当たり前である財布（予算）に応じた支出を求める（Live within the means：身の丈に応じたクラブ運営）ものである。規制導入によってプロサッカークラブ（欧州のトップリーグ）の収益性が高まったが，それ以下の下部クラブではその依然として経営状況が厳しく，リーグ間の経営格差が拡大している。

　欧州サッカー連盟のホームページにある詳細な規制についての説明をまとめると，以下のように要約できる。

　フィナンシャル・フェア・プレー規制を一言で言い表すと「欧州サッカークラブの全般的な金銭面での健全性（overall financial health）を改善させること」となる。

図表 6-1　フィナンシャル・フェア・プレー規制導入によるクラブ経営状況の変化

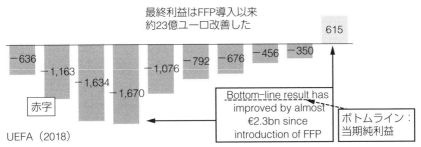

UEFA（2018）

（出典：https://www.uefa.com/news/0253-0d7f34cc6783-5ebf120a4764-1000--
financial-fair-play-all-you-need-to-know/?referrer=%2Fcommunity%2Fnews %
2Fnewsid%3D2064391（20210204 アクセス））

　フィナンシャル・フェア・プレー規制は 2010 年に欧州サッカー連盟の総
会で承認され，最初の評価（assessment）が行われたのは 2011 年である。それ
以来，欧州サッカー連盟主催の大会に出場するクラブは，シーズンを通して
他のクラブ，選手，そして税務当局等への支払を怠っていないこと（overdue
payable）を証明しなければならない。言い換えると，支払請求を受けた金額
をきちんと払っていることを証明しなければならない。

　2013 年以来，クラブは収支均衡（break-even）の必要事項の観点から評価さ
れている。収支均衡とは，支出と収入を合わせることであり，クラブが負債
を蓄積することを防ぐことである。これを評価するために，独立したクラブ
財政管理組織（CFCB）は毎シーズン，欧州サッカー連盟の大会に参加するす
べてのクラブに対して，3 年間のクラブの財政数字を分析する。

　収支均衡条項を満たさなかったクラブに対する最初の制裁（sanction）およ
び条件は，2014 年 5 月に行われた評価に続いて制定された。収支均衡条項
に違反したことに対する条件は 2014/15 年シーズンから効力を発すること
になった。

　2015 年 6 月から，欧州サッカー連盟は過大支出を抑制しながら，さらな
る持続的な投資を奨励する目的でいくつかの特殊な状況にあるクラブに対し
て規制を改訂した。その状況とは事業の再構築（restructure）が必要なクラブ，

突然の経営状況の変化に直面するクラブ，そして自国における厳しい市場における構造的な問題があるクラブである。

　クラブ財政管理組織の業務には，欧州サッカー連盟の大会に参加資格がないが，将来いつかの時点で参加を希望するクラブを含むように拡大される可能性が生まれてきている。

2　フィナンシャル・フェア・プレー規制による制限

　フィナンシャル・フェア・プレー規制によって，クラブはもはや損失を記録することは許されないのだろうか。

　正確に言えば，評価期間（3年間）の間に記録する収入より500万€（ユーロ）超過する水準までは支出することができる。しかしながら，もしその超過する金額がクラブのオーナーまたは関係者からの献金・支払によってすべて負担されるなら，次に述べる水準まで許容されることになる。これは持続することができない負債の蓄積を防ぐためである。

・2013/14シーズンと2014/15シーズン評価期間（当初2年間）に対しては
　4,500万€
・2015/16,2016/17,2017/18シーズンの評価期間（3年間）に対しては3,000
　万€

　ただし，スタジアム，トレーニング施設，ユース養成，女子サッカー（2015年から）への投資を促進するためにそれらの費用は収支均衡の計算から除外される。

　もし，クラブがフィナンシャル・フェア・プレー規制に従わなかった場合，欧州サッカー連盟のクラブ財政管理組織が手段と制裁を決定する。規制に従わないことは，クラブが自動的に大会から除外されることを意味しないが，規制の例外はない。したがって，種々の要素（例えば，収支均衡の結果のトレンド）によって，クラブに対して異なる制裁手段が課されることになる。その手段は以下のとおりである。

　①　警告（warning）
　②　懲戒（reprimand）

③　罰金（fine）

④　勝点減点（deduction of points）

⑤　欧州サッカー連盟主催の大会からの収入を源泉控除（withholding of revenues from a UEFA competition）

⑥　欧州サッカー連盟主催の大会での新規選手の登録禁止（prohibition on registering new players in UEFA competitions）

⑦　欧州サッカー連盟主催の大会への参加のためにクラブが登録する選手の人数の制限。その中にはＡリストに登録されている選手の従業員福利厚生費用の総額に関する金銭的な制限を含む（a financial limit on the overall aggregate cost）

⑧　現在進行中の大会から，そして／または将来の大会から除外（失格）（disqualification from competitions in progress and/or exclusion from future competitions）

⑨　優勝または表彰を取り消し（withdrawal of a title or award）

　クラブ財政管理組織は，フィナンシャル・フェア・プレー規制の目的が最大限達成されるように懲罰的な方法（punitive）ではなく，更生的（rehabilitative）アプローチを採用する。これによって，クラブとクラブ財政管理組織の間で和解合意が締結されるように導く。それには多くの制限条件をつけたある種の金銭的な献金を含む。それがクラブが近未来に収支均衡に達することができるような道筋を提供するものである。

　では，オーナーは好きなだけ（またはスポンサーを経由して）クラブに資金をつぎ込むことが許されるのだろうか。

　クラブのオーナー自らが関係者である会社のスポンサー契約を経由してクラブに資金をつぎ込む場合，欧州サッカー連盟の当局が調査に乗り出すことになる。

　そのスポンサー契約が市場価格に比べて「公正価値（fair value）」であるかどうか，そしてその価格で収支均衡がなされているかを計算する最新の規則では，いかなる事業体（entity）でも，単独または同じオーナーや政府とつながっている他の事業体の拠出額が，クラブ総収入の 30％を超える場合は，

クラブの関係者と自動的に見なす。

　フィナンシャル・フェア・プレーに関しては，過去にビッグクラブによる規制違反・抵触が他のクラブから提起されている。特にスポンサー料の金額が「公正（fair）」かどうかが問われている。

　英国のクラブで名前が挙がるのは，マンチェスター・シティである。比較のために，ライバルクラブであるマンチェスター・ユナイテッドの財務諸表を見る。

　顕著なポイントは，クラブが今まで稼いだ利益（利益剰余金：貸借対照表）の数字である。

図表6-2　コロナ禍の影響がない2019/6決算の数字比較（▲は損失金額）	
マンチェスター・シティ	▲6億400万ポンド（840億円＠Y140）
マンチェスター・ユナイテッド	＋3億1,000万ポンド（434億円）

　実際に規則に抵触したかどうかはともかく，マンチェスター・シティは多額の繰越損失をオーナー（アブダビの王族）が負担している形となっている。他方，マンチェスター・ユナイテッドはクレイザー一族（米国人ビジネスマン）のオーナー経営であるが，ニューヨーク証券取引所に上場する上場企業であるので，累積損失は許されない。上場によってガバナンスが効いているといえよう。同じビッグクラブでも経営の方針・状況は大きく異なるのである。

3　クラブライセンスとの関係

　欧州サッカー連盟のチャンピオンズリーグやヨーロッパリーグに参加資格を得たクラブはそれぞれの国の協会またはリーグから供与されたライセンスが必要である。これは欧州サッカー連盟のクラブライセンス・フィナンシャル・フェア・プレー規則（UEFA Club Licensing and Financial fair play regulations）に基づくものである。欧州サッカー連盟は大会に登録されたすべてのクラブから収集した書類や数字を検証する。

　いくつかのクラブは，巨額の負債を抱えているか負債の支払をしていない。

そういうクラブはフィナンシャル・フェア・プレー規則を遵守していることになるのだろうか。

　ある程度の負債はどんなビジネスにとっても通常のファイナンス活動の一部である。しかしながら，ネット負債（負債超：負債－現金・現金等価物＞0）の蓄積は収支均衡規則では制限されている。それによってオーナーまたは投資家は，負債の株式化（株式は返済不要）または損失の補填を必要とされる。それに加えて，将来，クラブ財政管理組織と自主協定を締結することを考えているいかなる投資家も，事後ではなく事前に資金提供を約束することを期待されてる。最後にもっと重要なある種の負債，例えば選手やスタッフ，そして税務当局を含む当局，他クラブに対する負債はクラブ財政管理組織によって継続的にモニタリングされている。

（1）　フィナンシャル・フェア・プレー規制によって欧州サッカー連盟
　　　の大会への参加が拒絶された事例
　欧州サッカー連盟クラブライセンス制度は，2003/04 シーズンに導入された。それ以来，57 件の事例で 53 クラブがチャンピオンズリーグやヨーロッパリーグに成績上直接参加する資格があったが，認められなかった。その理由はライセンスまたはフィナンシャル・フェア・プレー規制の基準を満たさなかったことによる。

　2011 年にフィナンシャル・フェア・プレー規制が導入され，ライセンスの基準に加えられた。それ以来，6 クラブが欧州サッカー連盟の大会への参加を拒絶されている。その理由は，選手に報酬を払わなかったり，移籍に際し他のクラブに移籍金を払わなかったりしたことによる。そして 1 つのクラブは収支均衡条項に従わなかったので欧州サッカー連盟の大会から排除されている。

（2）　クラブライセンス制度とフィナンシャル・フェア・プレー規制の
　　　関係
　フィナンシャル・フェア・プレー規制は，クラブライセンス制度の財務規制から発展した規制である。クラブライセンス制度ではライセンスを供与す

るか，拒否するかの選択だけであるが，フィナンシャル・フェア・プレー規制では，懲罰的な方法（punitive）ではなく，目的が最大限達成されるように更生的（rehabilitative）アプローチを採用する。

図表6-3　クラブライセンス制度とフィナンシャル・フェア・プレー規制の比較

	視野	ガバナンス方式	決定
クラブライセンス	短期的なクラブの財務面での存続可能性をチェック	UEFA加盟の諸国（55か国）のサッカー協会に委任	クラブライセンスを供与するか，拒否するか
フィナンシャル・フェア・プレー規制	長期的なクラブの財務面での行動を制度面からサポート	2つの第三者機関がチェックする（調査機関およびクラブ財務統制機関）	規制に違反した場合の罰則 disciplinary measures 等が規定され，クラブに是正を求める

UEFA（2018）まとめ

　フィナンシャル・フェア・プレー規制の導入によって欧州5大リーグの収益性の推移は以下のとおりである。営業利益を計上しているのはイングランド，スペイン，ドイツで，フランス，イタリアは営業赤字から浮上していない。

図表6-4　世界5大リーグのクラブの収益性（2012/13-2016/17）

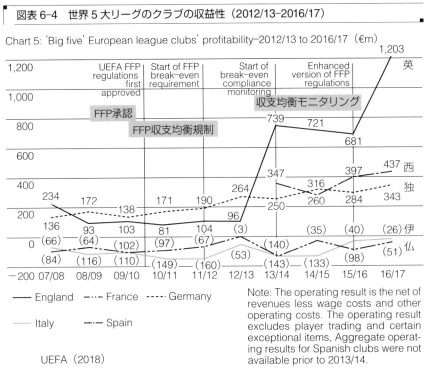

Chart 5: 'Big five' European league clubs' profitability-2012/13 to 2016/17 （€m）

UEFA（2018）

Note: The operating result is the net of revenues less wage costs and other operating costs. The operating result excludes player trading and certain exceptional items, Aggregate operating results for Spanish clubs were not available prior to 2013/14.

（出典：Football clubs need an improved environment where investing in the future is better rewarded so that more clubs can be credible long−term investment prospects.）

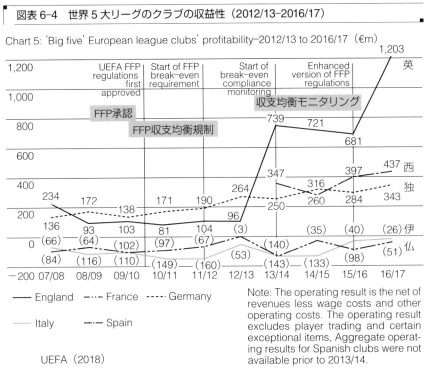

53

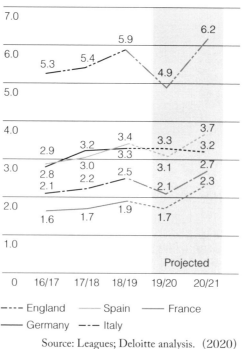

Chart 3: 'Big five' European league clubs' revenue—2016/17 to 2020/21 (€ billion)

```
7.0 ─────────────────────────────────
                                    6.2
                 5.9
6.0 ───── 5.4 ──────────────────────
     5.3                    4.9
5.0 ─────────────────────────────────

4.0 ──────────────────────────── 3.7
                 3.4                3.2
         3.2          3.3   3.3
    2.9          3.3
3.0 ──── 3.0 ───────── 3.1 ──── 2.7
    2.8          2.5         2.1  2.3
    2.1  2.2
2.0 ──────── 1.9 ────────────────────
    1.6  1.7         1.7
1.0 ─────────────────────────────────
                        Projected

 0   16/17  17/18  18/19  19/20  20/21
```

---- England　――― Spain　――― France
―― Germany　―‐― Italy

Source: Leagues; Deloitte analysis. (2020)

【参考文献】

UEFA（2015）Financial fair play: all you head to know

Deloitte（2020）Annual Review of Football Finance 2020

Chelsea FC Plc Annual Report and Financial Statements For the Year ended 30 June 2019

Manchester City Football Club Limited. Annual Report and Financial Statements for the Year ended June 2019

Manchester United Football Club Limited. Annual Report and Financial Statements for the Year ended June 2019

第Ⅶ章 | 貸借対照表（BS：Balance Sheet）
―資産と負債・資本―

　会計（アカウンティング：accounting）は企業の立場から数字を利用する。会計は，利用目的によって「財務会計（制度会計[1]）」と「管理会計」に区分される。財務会計は企業の利害関係者に報告するための「外部会計」であり，管理会計は企業内部での経営管理目的で利用される「内部会計」である。本書においては，財務諸表を分析することによってプロスポーツの事象がクラブ（球団）の経営によってどのように引き起こされているかに焦点を当てるので，財務会計を中心に扱うことにする。

　制度会計においては，利害関係者が異なる会社の財務諸表を比較可能にできるように，財務諸表作成のルールが定められている。財務諸表（決算書）には貸借対照表，損益計算書，キャッシュフロー計算書，株主資本等変動計算書，およびそれらに関する注記情報も含まれる。本書では一般的に財務三表といわれる貸借対照表，損益計算書，キャッシュフロー計算書の構造と分析について，スポーツ学生にとって必要不可欠な事項に絞って説明していきたい。

1　貸借対照表の左側（資産）

　貸借対照表（Balance Sheet）は企業の決算日における財政状態を表すスナップショット（スナップ写真）である。財政状態とは資産，負債および資本の状況を表示し，会社の状況を株主，債権者等の利害関係者に知らせるものである。

　貸借対照表を図で表すと次のページのとおりとなる。例えば，日本のJリーグクラブは日本のプロ野球に比較して情報開示が進んできているが，英国に比べればまだまだ改善の余地がある。情報開示が進んでいる英国のサッ

---

[1] 財務会計のうち，会社法，金融商品取引法，税法に基づいて行われる会計。

図表 7-1　貸借対照表の構造

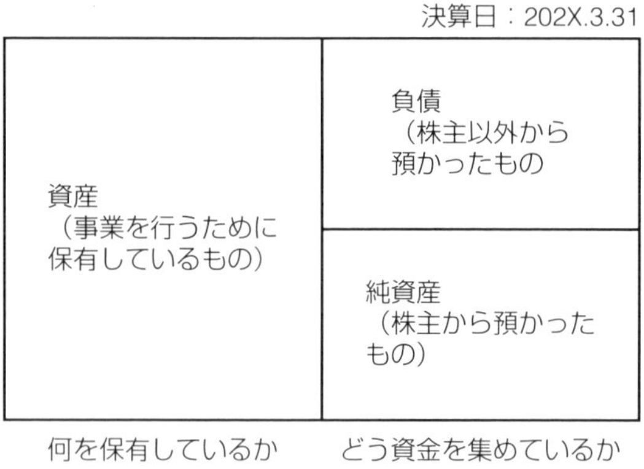

決算日：202X.3.31

資産
（事業を行うために
保有しているもの）

負債
（株主以外から
預かったもの

純資産
（株主から預かった
もの）

何を保有しているか　　　どう資金を集めているか

カーリーグを先進事例として説明することによって，日本との相違点を明らかにしていきたい。

Maguire (2020) によれば，英国におけるほとんどのプロサッカークラブは有限会社[2] (limited liability companies) で政府機関である会社登記所 (Companies House) に財務諸表を提出する義務を負っている。

財務諸表はクラブの規模によって大きく変わる。財務諸表には中心となる財務諸表だけではなく注記 (footnotes：脚注) も含まれる。どこまで開示するかはクラブの財政規模によって異なる。Manchester United はニューヨーク証券取引所上場企業であるので，財務諸表は 172 ページ (2020/6/30 期) に及ぶ[3]が，例えば，イングランド 3 部 (リーグ 1) の Doncaster Rovers は全部で 9 ページ[4] である。

これらの財務諸表や補助資料はクラブの財政面での物語を表している。そ

---

[2] 日本では会社法制定に伴い，新たな有限会社は設立できなくなった。英国では有限責任保証会社 (Companies Limited by guarantee) と有限責任株式会社 (Companies Limited by shares) がある。プロサッカークラブ等は有限責任株式会社が多い。以降株式会社と呼ぶ。

[3] 米国での有価証券届出書 Form 20-F。年次報告書 (annual report) と財務諸表で構成される。英国では 22 ページ (30 June 2020)。貸借対照表，損益計算書，株主資本等変動計算書。

[4] 「小規模企業の特例」で貸借対照表のみ開示 (30 June 2019)。日本でも「大会社以外」の会社の開示は貸借対照表だけでよい。

の中で最初に取り掛かるのは貸借対照表である。

　貸借対照表は，当該会社の決算年度末におけるクラブの財政状態を示すスナップショットである。これによってその会社が倒産しないかの安全性および調達した資金の有効活用ができているかのチェックができる。第3章で述べたが，日本のプロ野球球団の情報開示は会社法規定に沿って，株式会社として「決算公告」で貸借対照表だけは開示している。これは会社の利害関係者である株主と債権者のうち，債権（貸付金）が無事返済されるかに重点がある債権者（銀行等金融機関他）に対する開示となっている。

　貸借対照表（財政状況表：statement of financial position）はそこで表される数字の関係を示している。すなわち，資産（assets）＝資本（equity）＋負債（liabilities）（貸借対照表等式という），または資本（equity）＝資産（assets）－負債（liabilities）（資本等式という）とも表される。

　そこでサッカークラブの経営の観点から，貸借対照表を見ていく。

　まずは資産（assets）の中で，流動資産（current assets）と固定資産（non-current assets：fixed assets）に分かれる。厳密には「正常営業循環基準[5]」で判断するが，「ワンイヤールール」を適用し1年を基準にして流動，固定を判断するものもある。

図表7-2　正常営業循環基準と1年基準（ワンイヤールール）

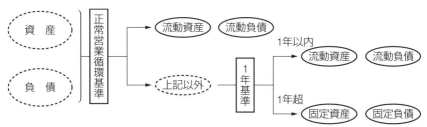

（出典：https://www.ishitax-blog.jp/post-276）

　固定資産とは，クラブが1年以上使用する資産である。例えば，スタジア

---

[5] 企業の本来の営業プロセスである『現金⇒棚卸資産⇒売上債権⇒現金』というサイクルの中に入るかどうかの基準。図表7-2参照。

ム，トレーニング施設，事務所等がある。これは普通の会社の不動産，工場，設備等に該当するものである。前章でも論点として挙げたが，プロサッカー業界で特別な扱いとして，「選手（選手登録権）」が無形固定資産（intangible assets）で扱われ，会計上の資産となることがある。また売上債権（trade receivables）として，当該クラブから他のクラブへ選手の登録権を売却する（移籍させる）場合に，数年にわたる分割返済（instalments）で移籍金を受領する場合に債権（assets）として計上される。

　流動資産とは，現金（cash）または1年以内に現金化される資産をいう。ここでも売上債権（trade receivables）が計上されるが，1年以内に移籍金が支払われるものである。他の売上債権は商品在庫・たな卸資産（stocks of merchandise）である。先に述べた貸借対照表等式，資本等式はクラブの財政状況とは関係なしに，常に等しくなるように記入されるので貸借対照表で資産＝負債＋資本とバランスすることになっている。英国では貸借対照表をいつ作成するかの規則はないが，企業の年度（industry year）に合わせるように奨励されている。

（1）資産とは何か
　日本では，プロサッカークラブにとって選手は「人件費」（費用）（expense）として損益計算書に計上されるが，貸借対照表に資産計上はされない。英国のプロサッカークラブでも報酬・契約金については同じく費用計上となるが，移籍金の扱いは日本とは大きく異なる。

　前章第4章でも掲げているが，Oxford (2016) によれば，資産（asset）とは，ほとんどの国の会計団体で同様の定義をしているが，過去（past）の取引（transaction）または出来事（event）の結果（result）として獲得したか（obtain）または支配する（control）ことによって，将来の起こる可能性がある（probable）経済的便益（future economic benefits）の源（source）となるものと定義している[6]。

（2）サッカークラブにとって資産（asset）とは何か
　条件は以下のものと考えられる。

---

[6] Oxford Dictionary of Accounting（2016）p.34

① 　所有者（クラブ）が対象物（例：選手の登録権，コンピューター）を所有していて管理（control）している。すなわちその所有を行うことでリスクとリターンを得ている。ここでは，選手の売買ではなく，選手の登録権の売買と考える。

② 　資産を所有することで経済的便益を享受している。すなわち，収入を得るか（income）または費用の削減（cost）のメリットがある。選手の場合は，観客を集め，放送会社やスポンサーを惹きつける。コンピューターの場合は，情報コストの削減に寄与している。

③ 　過去のイベントによって発生する。選手の場合は「契約」である。コンピューターの場合は，過去の機器の購入である。

④ 　貨幣価値で客観的な数字が求められる。

　したがって，マンチェスター・ユナイテッドは年次報告書で世界に 11 億人のサポーターを抱えていると記述されている[7]が，それらを数字で客観的に裏づけることができないので，ユナイテッドの「ロゴ」「ブランド」の価値を会計上で計上することはできない。なお，米国の経済誌フォーブスはプロスポーツクラブの「ブランド価値」を独自の計算方法で公表している。

　コンピューターのような機器は有形固定資産（tangible assets）であり，設備の耐用年数（資産が利用に耐える年数）に基づいて，減価償却（depreciation）することによって毎年の費用に充てられる。それに対して選手の登録権は他のクラブからその選手の登録権を購入した場合，支払った移籍金（transfer fees）を資産計上する。その資産を契約の年数で費用として割り振ることで費用（expense）計上する[8]。

　したがって，ユース（下部組織）からの昇格選手や，他のクラブでの契約期間が終了して移籍金なしで移籍できる選手（自由契約選手：free agent）は登録権を購入したクラブには移籍金支払が発生しないために，資産計上されない

---

[7] Manchester United https://ir.manutd.com/company-information/about-manchester-united. aspx

[8] 有形固定資産に対して，選手の登録権のような無形固定資産（intangible asset）の減価償却は amortization との用語の使い方をする。

ことになる。

　また，有名選手を移籍で他クラブから獲得した場合，怪我とか不調で期待どおりの活躍が望めないとクラブが判断した場合，移籍金で獲得した資産の価額より低い価額で評価せざるを得ないため，減損損失を計上する必要が出てくる（減損損失：impairment expense）。

　減損は，固定資産の市場価値や収益力の大幅な低下によって，投資額の回収が見込めなくなった場合に発生する損失処理（write-down）である。建物，機械装置，土地などの有形固定資産や，ソフトウェア，のれん，特許権などの無形固定資産，さらには長期保有する投資有価証券（満期保有目的の有価証券などのこと）などにも適用される。減損損失額は，固定資産の帳簿上の価額から，回収可能価額（recoverable amount）を差し引いた値になる。

　減損損失は損益計算書の費用（expense/cost）として計上されるので，利益を減らし，また貸借対照表の選手の登録権の価値を減らすことになる。ただし，減損損失は，財務諸表の脚注（footnotes）に記載され，本文には記載されない。理由は毎年発生する費用と区別するためである。

【例】

　Ａクラブがｃ選手と５年契約で移籍金100万ポンドで契約した。

　Ａクラブからｃクラブへ100万ポンドの移籍金支払を行う。移籍金は無形固定資産として認識される。

無形固定資産	100万	現　　　　金	100万

　その年度末，計上された無形固定資産は契約年数で割って，100/5＝20万ポンドが償却されるので，無形固定資産80万ポンドが貸借対照表に，減価償却費用20万ポンドが損益計算書に計上される。無形固定資産の償却は直接法で行う。

貸借対照表
(2020/6/30)

減 価 償 却 費	20万	無形固定資産	20万

損益計算書
(2019/7/1-2020/6/30)

減 価 償 却 費	20万		

　1年経過後，Dクラブから C 選手移籍の申入れがあり，90万ポンドで合意すれば，A クラブでは無形固定資産が80万ポンド減少する一方，損益計算書上では 90－80＝10万ポンドの利益が計上される。

現　　　　　金	90万	無形固定資産	80万
		利 益 剰 余 金	10万

売 上 原 価	80万	売　　　　　上	90万
当 期 純 利 益	10万		

　別の例として，この選手 C が移籍初年度に極度の不振に陥り，クラブが選手の価値が減少した（減損10万ポンド）と判断すれば，減損損失を貸借対照表で計上するので 100－20（減価償却）－10（減損）＝70ポンドが，C 選手の A クラブでの帳簿価額（book value）となる。同時にその年度の損益計算書で減損損失10万ポンドが計上されるので，利益がその分だけ減少することになる。

貸借対照表

利 益 剰 余 金	10万	無形固定資産	10万

損益計算書

減 損 損 失	10万	当 期 純 利 益	10万

2 貸借対照表の右側（負債と資本）

負債は外部から調達した資金で「他人資本」と呼ばれる。それに対して資本は株主からの出資や過去の利益の蓄積で調達した会社の資金（「純資産[9]」）である。負債と資本を合わせたものを使用総資本と呼び，左側の資産の合計額と一致する。換言すると，負債と資本は資産を取得する（運用）のに必要な資金をどのように調達したのかという資金の源泉を示すものである。すなわち貸借対照表の右側は資金の調達を示し，その資金を使用して取得した資産が左側に示されている。それがビジネスであり，そこで得られた収入（売上高，収益）からかかった費用を控除したものが利益（損失）となる。その期の利益（税引後当期純利益）が貸借対照表の純資産の利益剰余金に計上される。それまでの蓄積利益の合計が利益剰余金となる。当期損失が続けば，当期利益（損失）の蓄積（利益剰余金）がマイナス（資本の欠損[10]）になることがある。昨年来のコロナ禍でプロスポーツ球団（クラブ）で「資本の欠損」のみならず「債務超過[11]」となっているところも珍しくない。

プロサッカークラブに例をとると，負債（liabilities）はクラブを所有する者（株主）以外の者からクラブが借りている金額ということがいえる。クラブと取引のある業者，移籍金支払の残額がある他のクラブ，税金支払が必要な国税庁等々である。

負債は以下の条件を満たす必要がある。

① 他の関係者に対する責務・約束（コミットメント）を負う。法的な（legal）な責務である。

② 約束（コミットメント）は通常，経済的な便益を相手に渡すことで決済される。選手を他のクラブからの獲得する場合に発生する現金の支払である。

③ 過去の出来事（イベント）である。例えば，契約がそれにあたる。

---

[9] 2006年の会社法施行以前は資本と呼ばれた。資本の全体概念図は後掲図表7-5参照。
[10] 資本金＋法定準備金（資本準備金＋利益準備金）が利益剰余金のマイナスで食われている状態をいう。
[11] 会社が抱えている負債の総額が資産の総額を超えている状態をいう。

図表 7-3　「赤字」と「債務超過」の違い

貸借対照表　　　　　　　　　（百万円）

	金額
流動資産	119
固定資産	40
資産の部　合計	159
流動負債	211
固定負債	4
負債の部　合計	215
資本金	285
資本剰余金	85
利益剰余金	▲ 426
資本（純資産）の部　合計	▲ 56

資本金・資本剰余金 → 出資や増資等で得た資金はここにカウント

利益剰余金 →これまでの黒字（赤字）の累積

資本（純資産）の部　合計 →ここがマイナスなら「債務超過」

（出典：2020 年度クラブ経営情報開示資料（先行発表）Ｊリーグ 2021/5/28）

図表 7-4　貸借対照表と損益計算書のつながり

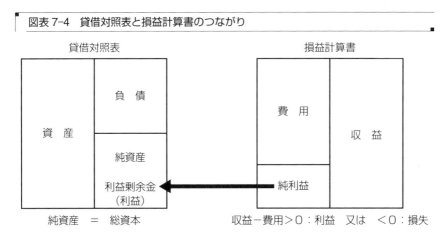

※毎期の利益（損益計算書）の蓄積が利益剰余金（貸借対照表）となる。

3　負債の種類

（１）流動負債（current liabilities）と固定負債（non-current liabilities）
　流動負債と固定負債の基準は厳密には先述した「正常営業循環基準（図表

7-2 参照）」によるが，「ワンイヤールール（1 年基準）」が適用されることが多い。流動負債は，短期（通常は 1 年以内）に返済や支払を行うべきものをいう。商品の供給業者に対する支払，選手への給与の支払，税金の支払，銀行に対する当座貸越（オーバードラフト）等が該当する。それに対して固定負債は，長期（通常は 1 年超）で返済や支払を行うべきものである。クラブ施設拡張のための銀行借入等長期的なプロジェクト借入金等が該当する。

　注目されるのは他のクラブから獲得した選手の移籍金の支払である。支払期限が 1 年以内であれば，流動負債として計上し，1 年超であれば固定負債となる。なぜなら移籍金全般が高騰し巨額となっているため，移籍金の支払は分割返済（instalment）が普通になっているためそのような扱いとなる。

（2）金銭債務（financing liabilities）と営業債務（operating liabilities：仕入債務）

　金銭債務とは銀行等金融機関に対する債務である。多くの銀行はサッカークラブに対しては有担保貸付（secured loan）でしか貸付を行わない。個人が住宅を購入する時の住宅ローンと同じである。それゆえ，返済が滞ると担保となっている物件を銀行が差し押さえて処分する。担保となるのは，不動産，テレビ放映権料の将来の収入，他のクラブからの移籍金収入，シーズンチケットの収入である。

　クラブの財政状況を分析する際には，純債務（net debt）（金銭債務－現金・現金等価物）を計算することが重要である。金銭債務については，サッカークラブは他の大企業と異なる点がある。それは，金銭債務のある部分はクラブのオーナー（大株主）からのもので，その借入金の金利は銀行金利よりも有利なことがある[12]。それに対して営業債務とは，金融機関以外に対する債務である。営業債務で最大のものは選手の移籍金支払で他のクラブに負っている債務である。

---

[12] 金利がゼロの場合もあり，それをソフトローン（soft loan）と呼ぶ。あたかも返済不要で配当金の支払も確定していない株式と同じとなる。

4　純資産　―株主資本（equity）とは何か―

　貸借対照表の右側を総資本（図表 7-4 参照），その中で負債を除いた部分を「純資産」といい，全体的位置づけである図表 7-5「資本の全体概念図」から説明する。

図表 7-5　資本の全体概念図

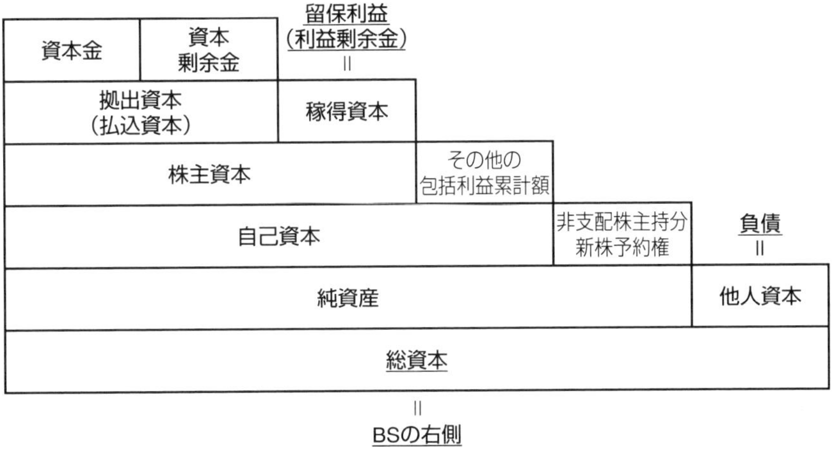

（出典：太田康弘（2018）『ビジネススクールで教える経営分析』（日本経済新聞出版）p.121 筆者一部修正）

　株主資本（時には資本 capital と呼ぶ）はクラブのオーナー（大株主）に対してクラブが負っている金額である。株主資本には 2 種類あり，投資された株主資本（invested equity：日本では払込資本）と再投資された株主資本（reinvested equity：利益剰余金）である。投資された株主資本とは株券（share）と引き換えにクラブのオーナー（大株主）によってクラブに払い込まれた（出資）金額である。クラブが創業する時に払い込まれた資本金等が該当する。資本金がないとクラブがチケットを販売したり，権利を販売したりして収入を得るまでの資金がないことになる。ほとんどの株式は議決権（voting rights）を付与されている。同じクラブが発行する株式でも，ある株式は他の株式より多くの議決権を付与されるものがある（複数議決権株式と呼ぶ）。議決権が 50 ％超であればクラブを支配（control）することができるので議決権は重要である。

　投資家によって所有される株主資本（払込資本）は先に述べた借入金

(loan)[13] とは異なる。借入金は元利金（元本と利息）支払期日が定められており，期日に支払を行わなければならない。それに対して，株式は償還（返済）する必要がない (irredeemable) のである。すなわち返済義務がない資金である。所有株式を現金化するには株式を他に売却する必要がある。売却した場合，自らの議決権割合が 50 ％以下になればクラブを支配することができなくなる可能性がある。それ以前にクラブ株式を証券取引所に上場（一般投資家が自由に売買できる）していなければ，自ら投資家を探して株式を売却する必要が出てくるので容易ではない。

　一方再投資された株主資本（利益剰余金）はクラブが株式会社として創業して以来クラブによって蓄積された利益を表す。再投資された株主資本は「利益剰余金／留保利益 (retained earnings/accumulated profits)」と呼ばれる。クラブが赤字続きであると，利益剰余金がマイナスになることもある[14]。クラブが株主に利益を配分する時には，配当金 (dividend) を支払う。配当金の支払原資は利益剰余金から控除されるので，損益計算書上の「費用」には計上されない（株主資本等変動計算書）。

　現実にはプロサッカークラブが配当金を支払うことはまれである。一つにはつい最近までプロサッカークラブは利益を生むビジネスではなかったこと，さらには非上場株式であったのでクラブの事情に詳しい投資家が株式を保有しており，あえて配当金を要求しなかったことがある。投資家は配当金よりもクラブのリーグでの成功を優先して，利益剰余金をクラブ強化に使うことを優先したと思われる。唯一の例外といえるのは，ニューヨーク証券取引所に上場しているマンチェスター・ユナイテッドである。

　ユナイテッド株式は上場株式であるので，一般大衆も投資家として株式に投資するので，配当金支払が必要とされたため上場後数年後に配当を開始した[15]。ユナイテッドはグレイザー一族の強引な企業（クラブ）買収により当初

---

[13] クラブから見れば借入金，銀行から見れば貸付金となる。

[14] 繰越利益剰余金マイナス。このマイナスが大きくなり，純資産の合計がマイナスになる状態を債務超過と呼ぶ。

[15] 筆頭株主のグレイザーが配当金を要求し，ユナイテッド株式からの撤退戦略 Exit を考えたためともいわれている。

図表 7-6　財務諸表は企業のビジネスの鏡

財務諸表は，業界の「ビジネス」「業態（営業形態）」を移す鏡である。

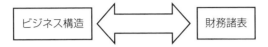

▶高付加価値ビジネス　　・売上高営業利益率（高）（PL）
　　　　　　　　　　　　・利益剰余金（大）（BS）
　　　　　　　　　　　　・営業キャッシュフロープラス
　　　　　　　　　　　　・投資キャッシュフローマイナス（積極経営）

▶公共ビジネス　　　　　・公共料金として価格抑制：利益小（PL）
　（電気・ガス・電鉄等）・設備投資大（膨大な借入）
　　　　　　　　　　　　・財務キャッシュフロープラス

図表 7-7　資金調達と財務諸表（貸借対照表）の関係

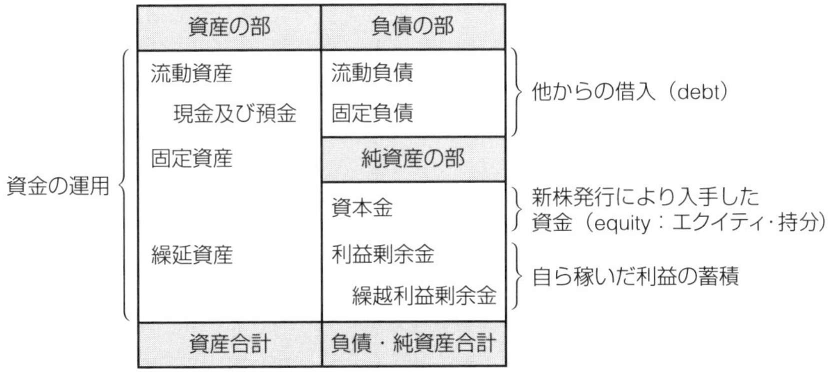

資産の部	負債の部	
流動資産	流動負債	⎫ 他からの借入（debt）
現金及び預金	固定負債	
固定資産	純資産の部	
	資本金	⎫ 新株発行により入手した資金（equity：エクイティ・持分）
繰延資産	利益剰余金	⎫ 自ら稼いだ利益の蓄積
	繰越利益剰余金	
資産合計	負債・純資産合計	

（左側：資金の運用）

資金繰りに困窮していたので，配当金を支払っていなかったが，クラブ経営が改善したので金利の高い債務を金利の低い債務へ借換えできるようになったため，配当金が可能となったものと思われる。もっともニューヨーク証券取引所，ナスダック証券取引所では IT 企業をはじめととする急成長企業（Growth Stocks）は内部留保を積極的に投資に使用するので無配当の企業も多くみられる。有名は企業としてはアマゾン・ドット・コム等がある。

　貸借対照表を作成することでクラブの財政状態を評価するだけであればそれで十分であるが，日常的にクラブが資金を産み出しているのか，またはどれだけの費用がかかっているのか知るためには損益計算書を分析することが必要となる。

5　資本金と利益剰余金

　資本金は，株主から出資を受けた金額のうち，「資本金」として扱ったものである。通常は払込金額を「資本金」，「資本準備金」で半分ずつ分ける。

　資本金が必要な理由は，株式会社の特徴として「株主有限責任」制度が採用されており，株主は出資額を超えて会社の債務に対して責任を負わない。そこで取引先等債権者にとって，会社が倒産した場合に債権[16]を確保するためには担保（借金のかた）として会社の財産を押さえる必要がある。そこで債権者を保護するため，会社が保有するべき最低限度の財産の金額を資本金として維持させることになっている。

　また，利益剰余金は，会社がこれまで生み出した利益の蓄積である。

　会社が1年間に生み出した利益は税金を支払った後，繰越利益剰余金に振り替えられる。株主への配当金は社外流出するが，残りは社内に留保される。それが利益剰余金である。

図表7-6　貸借対照表

貸借対照表

---

[16] ある者が特定の者に対して，一定の行為を要求することを内容とする権利をいう。さらに有限責任の対価として会社に対して法による財務内容の適正な開示を求めている。

【参考文献】

鯖田豊則（2020）『会計・ファイナンス入門（第3版）』税務経理協会

グロービス（2018）『ポケット MBA 財務諸表分析』PHP ビジネス新書

西山茂（2019）『「専門家」以外の人のための決算書＆ファイナンスの教科書』東洋経済新報社

伊藤邦雄（2018）『新・現代会計入門（第3版）』日本経済新聞出版社

日本経済新聞社（編）（2019）『財務諸表の見方（第13版）』日本経済新聞出版社

Oxford Dictionary of Accounting（2016）Oxford University Press

Kieran Maguire（2020）The Price of Football, Agenda publishing

Daniel Geey（2019）Done Deal, Bloomsbury

第 Ⅷ 章 | 損益計算書 (PL：Profit and Loss Statement)

　貸借対照表（BS）が会社の財政状態を表すのに対して，損益計算書は会社の経営成績を表す。会社がどれだけ儲けたのか，さらにはどのように儲けたのかの流れを表す。「収益（売上高）」から「費用」を控除して「純利益」を計算するのが損益計算書の基本となる。

　損益計算書を作成する目的は，一定期間（通常は1年間）の取引を記録し，会社が上げた利益を計算することである。貸借対照表が一定時点の財産の状況（スナップ写真）を示すのに対して（ストック），損益計算書は一定期間の会社の取引（フロー）を示す（旅程journey：trading transactions of a business over a period of time）。したがって，損益計算書は当該企業の短期の経営成績を示す記録であるので，傾向を確認するためには数年にわたる損益計算書分析が必要となる。

1　損益計算書

　損益計算書の個別の項目の内容および流れは以下のとおりである。

（1）売上高

　損益計算書の「トップライン（top line）」に来るのが売上高である。損益計算書は上から下に流れる漏斗（じょうご：funnel）と似ていて，一番上に来る売上高が一番大きな数字で下に行くにつれて控除額が増えて，最終的に当期純利益に至る。したがって，当期純利益のことを「ボトムライン（bottom line）」と呼ぶ。売上高は会社の規模の大きさや成長の度合いを示す。売上高が小さいと当期利益も小さくなる。売上高はスタートラインとして重要である。

（2）売上原価

　売上原価は売上高獲得に係る直接的な費用を指す。売上高から売上原価を

控除したものが，売上総利益（粗利益：あらりえき）と呼ぶ。売上高総利益を売上高で除したものを売上高総利益率と呼び，その会社（クラブ）のビジネスモデルが儲かるかどうかの指標になって活用されている（a commonly used performance measure）。サッカー選手の年俸は日本でも売上原価に計上されている。

（3）販売費および一般管理費

　販売費および一般管理費とは，会社の販売活動や一般管理業務で生じる費用である。マーケティング費用，広告宣伝費，一般管理業務に従事する従業員の給料等が含まれる。選手の給料は売上原価なのか，販売費および一般管理費なのかについては議論がある。日本のＪリーグの場合，英国と異なり，財務諸表の項目別数字はリーグ経由で開示されているものの，注記（footnote）がないため不明である。しかし，コンサドーレ札幌はクラブ増資に際して有価証券報告書を提出していた時期に選手の給料を「売上原価」に計上していたことが明らかになっている[1]。

　英国でもプロサッカークラブにおける「売上原価」は，クラブによって選手の給与を計上している場合と，売上原価ではなく一般管理費と同様の扱いで計上している場合がある。なぜならサッカークラブにおける売上原価というのは一般企業のようにモノを売る場合と異なり，試合のチケット販売，スポンサー契約，放映権等「サービス」の販売が中心になるからである。したがって，売上原価を控除した後の売上総利益でクラブ間の比較を行うと間違った判断に結びつく可能性がある。そこで営業利益（Operating profit）で比較するのがよい。どちらに計上されているかは，英国のクラブでは会社登記所（Companies House）に登記された財務諸表の注記に詳細な説明がなされているのでわかる。

---

[1] https://www.consadole-sapporo.jp/club/settlement/images/2015/05/yukashoken-h2512.pdf（第3章参照）

（4）営業利益

　営業利益は，営業活動の成果を示し，会社の利益の源泉となるのため重要である。

　会社の経常的な活動のうち，営業活動以外の損益を「営業外損益」と呼び，営業外利益と営業外費用が含まれる。営業利益（損益）から，営業外損益を控除したものが経常損益となる。しかし英国，米国の会計基準や国際会計基準では日本の経常利益にあたるものはない。英国のサッカークラブの損益計算書でも，売上高（turnover）⇒売上総利益（Gross profit）⇒営業利益（Operating profit）⇒税引前当期損益（Profit/Loss before taxation）と流れて計上されている。経常損益に特別損益を加えると税引前当期純利益（税金等調整前当期純利益）となる。その税引前当期純利益から税金を控除して当期純利益を計算する。そこから株主に対する配当金が支払われるのである。

（5）特別損益

　企業には，会社にとって都合の悪い損失をまとめて特別損失に計上する傾向があり，特別損益が利益操作の温床になるおそれがでてくる[2]。そのため，国際会計基準では特別損益の項目はない。しかし，Oxford（2016）によれば，英国では特別項目（exceptional items）とは，当該会社の通常の営業活動で会社の損益に影響を与える費用または収入を表すが，「財務諸表の真実で公正な基準」から見て，その例外的な大きさや発生度合いから（例外的な『exceptional』または，普通ではない『extraordinary』項目）開示される必要がある項目を指し，営業損益の計算に含まれている。しかし，国際会計基準（IFRS）では，例外的な（exceptional）または，普通ではない（extraordinary）項目は日本の会計処理と同様に含まれていない。

（6）当期純利益

　税引前当期純利益から税負担を控除したものが当期純利益となる。すなわち漏斗（じょうご）の最後に残ったものが当期純利益で，すべての費用を控

---

[2] 現に日本のプロスポーツ球団（クラブ）でも特別損失を計上している。

除して最終的に残った儲けである。この当期純利益から株主に対する配当金が支払われる。損益計算書の最後の欄に記載されるので，「ボトムライン」と呼ばれている。当期純利益は，株主資本等変動計算書（後述）を経由して，貸借対照表の利益剰余金に反映されることになる。会社は会社法上では株主のものであるから，ボトムラインが一番大切な数字で，そこから株主に対する配当金を支払うので，経営者はそれに向けて経営努力をするのである。

図表 8-1　損益計算書の項目

▶ **売上高（Sales）**←規模の大きさや成長の度合いを表す
▶ 売上原価（Costs of Sales）

▶ **売上総利益（Gross Profit）**←原価を引いた段階の儲け
▶ 販売費および一般管理費（Operating Expenses）←販売管理関係の費用（研究開発費・広告宣伝費含み）

▶ **営業利益（Operating Profit）**←本業の儲けであり，重要（本業の収益力）
▶ 営業外利益
▶ 営業外費用（Non-Operating　income/expenses）

▶ **経常利益**←通常の活動の中での儲け（日本だけ。世界共通の会計基準では計上せず）
▶ 特別利益
▶ 特別損失
▶ **税金等調整前当期純利益（Profit before tax）**

▶ 法人税，住民税および事業税
▶ **当期純利益**←最終的な儲け（Profit after tax）

⇒配当（Dividend）⇒利益剰余金（Retained Profit）：損益計算書には含まれず，株主資本等変動計算書（Statement of changes in equity）に記載される。

（出典：西山（2019）p.39 を筆者加筆修正）

　換言すると以下の考え方となる。すなわち，まずは大元になる売上高の拡大を図る。損益計算書の「トップライン」に注力するのである。そして各種費用を控除して残った利益が株主に配当金として支払われる（ボトムライン）。これは株主が会社の債務の返済優先順位で最後位にあることを示している。会社は誰のものかという議論があるが，この支払優先順位を見ると優先順位にあるのは取引先，社員，債権者（資金を貸している金融機関），そして税金を徴収する税務署である。これらの利害関係者への債務（支払義務）が収入から控除される。

　残った利益があればそれが株主への配当金として支払われる。すなわち，

株主が配当金を受領して満足するいうことは，その他の利害関係者はその前に支払を受けているので，皆満足していることになる。よく言われるが，株主は会社という船の船長である。船が目的地（当期純利益）にたどりついて，ようやく分け前（配当金）にありつけるのである。このことは，会社は株主のものであるとの論拠にもなっている。法律上も株主は残余資産の配分を受ける最劣後の返済優先順位に位置づけられているのである。

なお，米国企業で重視されるのは，利益総額だけではない。

　経営者が最もコントロールしやすい EPS[3] が重視されます。景気が悪くなって売り上げが減れば，リストラなどのコスト削減を行って利益を出せばいいし，自社株買いを行って EPS を増やすことも可能です。
（……）

　欧米企業では投資家から ROE[4] を重視しろと言われなくても重視するのが当然となっています。そうしないと経営者は株主によって解任されてしまいます。

（出典：菊池（2021）pp.180-182）

　このように米国ビジネスでは利益率が最重要項目で，経営者はその向上を目指して経営努力を行う。「会社は株主のもの」であることが徹底されているのである。

　それに対して，日本企業は高度成長時代の売上高重視から，ROE 重視に移ってきているものの，ROE 向上のためには貸借対照表（資本の部）から考えることも要請されている。

---

[3] Earnings per Share：一株当たり純利益。その期間における純利益を残存（市場で流通する）株式数で除したもの。投資家にとって自らの投資金額がどれだけの利益を生んでいるのかを見るもので，この値が低いとその株式を売却する。そうすると株価が下がるので，経営者は，例えば，自社株を市場から購入して流通する株式を減らすなどの方策をとる。

[4] Return on Equity：自己資本利益率。株主が出した資金（equity）に対する儲け（return）の率を計算したもの。株主から見た会社に対する投資効率を評価する指標となっている。

図表 8-2　損益計算書の構成

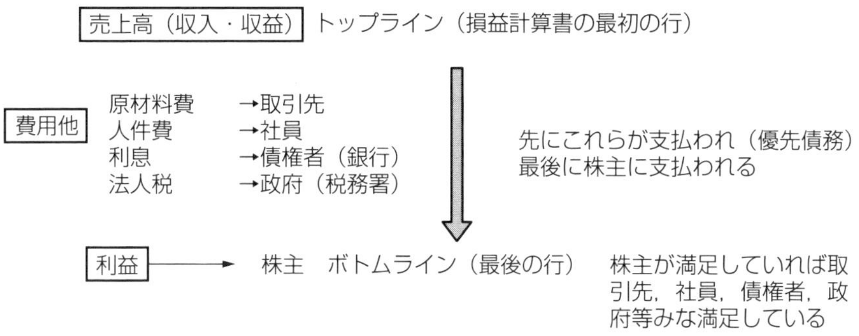

売上高（収入・収益）トップライン（損益計算書の最初の行）

費用他
原材料費　→取引先
人件費　　→社員
利息　　　→債権者（銀行）
法人税　　→政府（税務署）

先にこれらが支払われ（優先債務）
最後に株主に支払われる

利益　　→　株主　ボトムライン（最後の行）　株主が満足していれば取引先，社員，債権者，政府等みな満足している

（出典：砂川（2017）pp.21-22 を筆者加筆修正）

2　英国プロサッカークラブの損益計算書

　英国の状況を見てみよう。英国の株式会社（例：プロサッカークラブ）は上場，非上場にかかわらず会社登記所に年次決算を登記する義務がある。しかし，マンチェスター・ユナイテッドのように上場（ユナイテッド株式は米国ニューヨーク証券取引所上場）している場合は，現地の法律や証券取引所の規則に従って，もっと定期的な財務情報の開示が求められる。それらは3, 6, 9 か月ごとに中間決算（interim accounts）として発表される（第 11 章参照）。

（1）売上高（turnover）とは何か

　売上高（所得 income／収入・収益 revenue／売上 sales とも呼ばれる）は会社の成長力を見るバロメーターとして注目されるので，売上高を会計上どう認識するのかは重要である。売上高の認識基準は，国際財務報告基準（International Financial Reporting Standards：IFRS）で 5 つの段階が示されている。プロサッカークラブを例に説明すると以下のとおりとなる。
　①　契約の識別：クラブと顧客の間での契約の存在
　　　（例）ファンが商品を 50 ポンドで買いたい。クラブがそれに合意して代金を受取る。
　②　履行義務の識別：クラブは顧客に対して責務を負っている

（例）クラブは 50 ポンドを受け取ることで，商品をファンに渡す責務
　　　　　を負う。
③　取引価格の算定：合意された価格の存在
　　（例）50 ポンドの価格。
④　履行義務ごとに取引価格を配分
　　（例）50 ポンドの代金はすべてその商品の購入に充てられる。
⑤　履行義務の充足に伴う収益 (売上高) 認識：クラブが責務を果たしたと
　　きに収益を認識 (recognize)
　　（例）クラブの損益計算書に売上が計上される。

　サッカービジネスでは選手（登録権）の売買を主たる業務にしていない。
したがって，売買によって得た損益（利益・損失）は損益計算書には計上され
るが，他の営業損益とは別に表示される。なぜなら選手の登録権売買はその
時の状況によって変動しやすいので，クラブの本業であるチケット，シャツ，
放映権の販売による利益（営業利益）とは異なることを明示するためである。
損益計算書上では，売上高 (turnover) ⇒売上原価 (cost of sales) ⇒売上総利益
(gross profit) の過程で，通常の収入は営業収入[5] に計上される。それに対して
選手の登録権売買は営業収入では計上されず，売上総利益の下欄でその他の
収入，費用 (other income ,other expense) と並んで記載される (profit on disposal of
intangible assets：無形固定資産の処分による利益)。それらの損益を合わせて営業
損益が計算される (operating profit/loss)。
　実際の事例で確認すると，選手の登録権売買にかかわる損益は，営業利益
(operating profit) の計算には含まれている。しかし，すでに述べたとおり，
サッカークラブの本業は選手の登録権売買ではない。そして年度によって大
きく変動するとの理由から，通常の営業損益 (operating income/expenses) には
含めず，その他の収入・費用および登録権売買による利益の欄で記載されて
いる。無形固定資産の売却による利益 (profit on disposal of intangible assets)

[5] 図表 8-3 のマンチェスター・ユナイテッドの PL では，Revenue from contracts with
customers：本業での顧客取引からの収入と記載。

図表 8-3　マンチェスター・ユナイテッドの損益計算書

Manchester United Football Club Limited
Statement of profit or loss

	Note	Year ended 30 June 2020 £'000	2019 £'000
Revenue from contracts with customers	4	487,460	601,935
Operating expenses（選手給与，移籍金減価償却等）	5	(486,757)	(570,081)
Operating profit before other income, other expenses and profit on disposal of intangible assets		703	31,854
Other income	8	8,761	9,513
Other expenses	8	(13,299)	(10,040)
Profit on disposal of intangible assets（選手登録権売却益）		18,370	25,799
Operating profit		14,535	57,126
Finance costs	9	(33,079)	(31,613)
Finance income	9	800	2,866
Net finance costs	9	(32,279)	(28,747)
(Loss)/profit before income tax		(17,744)	28,379
Income tax expense	10	(3,552)	(10,354)
(Loss)/profit for the year		(21,296)	18,025

（出典：Manchester United　損益計算書 2020/6/30 Companies House）

1,837 万ポンド（25 億 7,200 万円＠ Y140）である。ただし売買の内容は注記には記載がない。ユナイテッドにとってはこの程度の金額は特記事項ではないとの理解であろう。

（2）注記とは

　図表 8-3 の真ん中に記載がある番号が財務諸表の注記（note）の番号である。財務諸表そのものに記載すると読みにくくなるので，注記（note）に詳細が記載されている。注目は営業費用（operating expenses）とその他収益・費用（other Income/other Expenses）である。

　❶　注記 5 について（次ページ図表 8-4 参照）

　大きな金額は，employee benefit expenses（選手を含む従業員給与および雇用保険），減価償却（amortization であるので，選手の移籍金の減価償却）が計上さ

れている（注記7）。そして特別項目（exceptional items），として 2019 年に監督とコーチングスタッフを途中解雇した際の補償金・慰謝料として 1,960 万ポンド（27 億 4,400 万円 @ Y140）が営業費用から除外されている。

❷　注記 6 について（次ページ図表 8-5 参照）

これは注記 5 の詳細を別途注記 6 で記載しているものである。それは 2018 年 12 月に成績不振で解雇されたモウリーニョ監督とコーチ陣への支払である。笑い話に聴こえるかもしれないが，激烈な競争のあるプレミアリーグでは監督のクビは日常茶飯事で，それを例外的・特別費用（exceptional items）に計上するのはおかしいという意見もある。この文章を書いている今（2021 年 4 月）も，モウリーニョ監督は，トテナム・ホットスパー監督を成績不振で解任された。契約期間中の（クラブ都合による）解雇であるので，またもや巨額の違約金等が支払われたと思われる。正確には今年度のトテナム・ホットスパーの損益計算書に計上されるので，部外者も金

図表 8-4　マンチェスター・ユナイテッドの財務諸表への注記（注記 5）

Manchester United Football Club Limited
Notes to the financial statements（continued）

5　　　Operating expenses–excluding exceptional items

（特別項目を除く営業費用）

	2020 £' 000	2019 £' 000
Employee benefit expenses（note 7）	(274,189)	(324,004)
Short-term and low value leases（2019: all operating lease costs）	(327)	(1,660)
Auditors' remuneration: audit services	(617)	(550)
Auditors' remuneration: tax compliance services	(136)	(148)
Auditors' remuneration: tax advisory services	(309)	–
Depreciation–property, plant and equipment（note 12）	(10,511)	(9,536)
Depreciation–right-of-use assets（note 13）	(1,603)	–
Depreciation–investment properties（note 14）	(81)	(80)
Amortisation（note 15）	(123,517)	(125,837)
Other operating expenses	(75,467)	(88,667)
Exceptional items（note 6）	–	(19,599)
	(486,757)	(570,081)

図表 8-5　マンチェスター・ユナイテッドの財務諸表への注記（注記6）

6　　　Exceptional items（特別項目）

	2020 £' 000	2019 £' 000
Compensation paid for loss of office	–	(19,599)
	–	(19,599)

Compensation paid for loss of office relates to amounts payable to a former team manager and certain members of the coaching staff.

　額等を知ることができる。

（3）サッカークラブの収益（売上）

　サッカークラブの売上高（収入）は3つの源泉がある。1つめは入場料収入（matchday），次に放映権料収入（broadcasting rights），そして商業収入（commercial transactions）（スポンサー収入，グッズ販売収入含む）である。例えば，マンチェスター・ユナイテッドは世界的なブランド（a global brand）であるので，テレビの視聴者への訴求力が大である。そのため，スポンサー収入（商業収入）も莫大である[6]。

　ユナイテッドの年次報告書には，ユナイテッドのファンが世界に11億人いると書かれている。有名な例は米自動車大手GMのスポーツカーブランドであるシボレー（Chevrolet）がユナイテッドのシャツスポンサーになったときには1シーズン5,700万ポンド（約80億円@Y140）のスポンサー料を払った。それに加えて，ユナイテッドはアディダスと10年7億5,000万ポンド（約1,050億円@ Y140）の用具と公式グッズの供給契約を結んでいる。プレミアリーグで唯一スポンサー収入が放映権料収入を上回っているユナイテッドの面目躍如である。

---

[6] 放映権収入はプレミアリーグ一括交渉で配分されるのでクラブ間で大きな差ができにくいが，スポンサー収入は個別交渉となる。

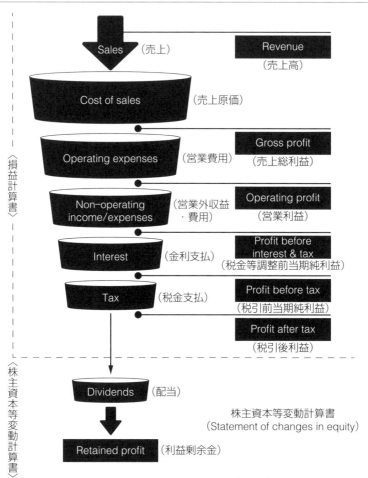

Sales（売上）

Revenue
（売上高）

Cost of sales　（売上原価）

Gross profit
（売上総利益）

Operating expenses（営業費用）

Non-operating income/expenses（営業外収益・費用）

Operating profit
（営業利益）

Interest（金利支払）

Profit before interest & tax
（税金等調整前当期純利益）

Tax（税金支払）

Profit before tax
（税引前当期純利益）

Profit after tax
（税引後利益）

〈損益計算書〉

〈株主資本等変動計算書〉

Dividends（配当）

株主資本等変動計算書
（Statement of changes in equity）

Retained profit（利益剰余金）

（出典：Warner, el al（2017）p.24 筆者加筆修正）

　大多数のクラブでは，商品よりもサービスが売上高の大多数を占めている。例えば，シーズンチケット，放映権，ビジネスパートナーとのスポンサー取引等である。先に述べた商品の売買に比べてサービスの売買は複雑であるが，同様な収益認識の5つのステップを踏むことになる。ただし商品と比べてサービスが大きく異なる点は，クラブが提供するサービスの期間に応じて売上が認識されることである。

　例えば，シーズンチケットが挙げられる。シーズンチケットはシーズン開始6か月くらい前に販売開始される。シーズン開始までクラブはサービスの提供（試合の実施）をしないので，クラブのBS上では，実際のサービスの提供が行われるまでは負債として記録され前受収益 deferred income（revenue）という科目で計上される。シーズンが始まりサービスの提供がなされると収益（売上）に転換される。シーズンチケットは2つの点でクラブにとってありがたい収入である。1点目は現金が入るので，選手の給与や他の経費の支払に充てられる。なぜなら夏休み期間中は，試合がなく，他に現金収入がないからである。もう1点は，シーズンチケットは，「無利子の借入」と同じであることである。シーズンチケット収入ではなく，銀行借入で現金を得ようとすれば銀行に対する金利支払が必要であるからである。

（4）サッカークラブの費用

　「費用（costs/expenses）」は，クラブが日々のクラブの運営で生じたコストを指す。計上の仕方はクラブによって異なる。

❶　売上原価

　「売上原価（cost of sales）」とは，クラブがいかなる商品を売る場合にも発生するコストのことである。「売上高（income/revenue/earning）」から売上原価（cost of sales）を控除したものが，「売上総利益（gross profit 粗利益という）」である。ただしサッカークラブのようなサービス業では，目に見える商品を販売するというより，チケットの販売，スポンサー契約等のサービスを販売している。売上原価の計上についてはクラブ間で統一（consistency）されていないので，売上高総利益をクラブ間で比較するときには注意が必要である。そこでほとんどのクラブでは売上原価（cost of sales）を計上するのではなく，「営業費用（operating costs）」と呼ばれる数字を計上している。営業費用とは，クラブの運営で日々発生する費用（costs）のすべてを含む。すなわち，選手の給与，選手登録権の償却，グランド維持費用等の費用である。これらのうちいくつかの費用は注記（footnotes）で詳しく説明されている。

❷　営業利益

　「営業利益（operating profit）」は売上高（turnover, sales）から営業費用（operating costs）を控除して計算される。損益計算書で提供される開示水準は法律の規則上は少ないが，クラブの取締役会で決定される。多くのクラブでは損益計算書そのものは簡潔に計上し，詳細は注記に回すことが多い。

　サッカークラブの財務諸表で特徴的な「選手登録権の償却」と，「選手登録権の売買」は区別して計上している場合がある。登録権償却は営業費用として計上し，選手の登録権売買は通常の営業収益・費用とは分けて記載する事例が多い。先に述べたマンチェスター・ユナイテッドがその例である（図表 8-3 参照）。

❸　特別損益

　「特別損益（exceptional items）」はクラブがその発生を予測しなかった項目である。契約期間中の監督の中途解雇，資産の売却益，選手への昇格時特別ボーナス支払，訴訟にかかわる弁護士費用等である。2016/6/30 期チェルシーFC の損益計算書では営業費用（operating loss）で特別損益・項目（exceptional items）として 7,530 万ポンドを計上している。注記を見ると，そのうち 830 万ポンド（約 11 億 6,000 万円@ Y140）はモゥリーニョ監督（José Mourinho）と彼のコーチングスタッフに対する中途解雇に関する違約金であることがわかる[7]。

　したがって，注記がなければ損益計算書の数字だけ追っても内容がわからない。現行の会計規則では資産を保守的に過小評価することは認められているが，過大評価は認められない[8]。

　選手の登録権売買を経常的な取引と捉える場合は，売上原価（cost of sales）で計上するが，異例な取引と捉え営業損益から外すクラブが多いと思われる。

　日本のプロスポーツ球団（クラブ）の状況を見ると，決算公告で貸借対照表しか開示しないプロ野球はともかく，リーグ経由で貸借対照表，損益

---

[7]　2015/12 にモゥリーニョ監督は契約途中で成績不振で解雇された。
[8]　貸借対照表で資産を過大評価すると，利益が過大評価されることになるので粉飾決算となる。

計算書の主要項目の数字を開示しているサッカーJリーグも注記がないので，取引の実態は不詳であり，開示も十分とは言えない。英国並みに開示がなされていれば，Jリーグの数字を使用して説明できるのであるが，フルに開示されている英国プロサッカーリーグを事例として活用している。同様にアメリカのプロスポーツ球団[9]もフォーブス等経由して数字が出てきているが，非上場会社（non listing）であるので財務諸表は一般的には開示されていない。もちろん上場会社（listed）[10]であれば，投資家保護のために財務諸表のみならず年次報告書（annual report）でクラブの経営戦略についても詳しく開示されている。

❹　資金調達・金利（finance/Interest）

　資金調達および金利支払は，営業損益とは別に計上される。それは日々のクラブの運営に係る費用とは区別する必要があるからである。

（5）利益（profit）

「財務費用（finance cost）」と「特別項目（exceptional items）」を控除後の利益は，「税引前利益（pre-tax profit／profit before tax）」と呼ばれる。税金はこの税引前利益に課されるのであって，売上高（revenue）に課税されるわけではないことに注意が必要である。

　政府はチケット販売と選手の移籍金には付加価値税（VAT：Value Added Tax）を，選手の給与からは所得税と国民保険料支払を受けるが，サッカークラブは歴史的には損を出すビジネスであったので，税金は今まであまり払ってこなかった経緯がある。しかし放映権収入とスポンサー収入の急激な増加によって，多くのクラブは損を出すビジネスから利益を生み出すビジネスに変わった。

　税引後の利益は，「純利益：当期利益（net profit／profit after tax）」と呼ばれる。この純利益はクラブの所有者（株主）に帰属する。それゆえ，クラブのオーナーはビジネスのリスクテイカー（リスク負担者）と呼ばれる。すなわち，

---

[9] 野球のMLB，アメリカンフットボールのNFL，バスケットボールのNBA，アイスホッケーのNHLなど。

[10] 例えばNYSEに上場しているマンチェスター・ユナイテッド。

オーナーは他の関係者[11] に対する支払を済ませた後の残余部分に対して受け取る権利を得るからである（返済順位が最劣後となる）。

その純損益は「利益（profit）」または「損失（loss）」となる。

先に（第6章）プレミアリーグは，放映権収入が急増したために選手の移籍金・報酬も急騰し，財政危機に陥ったが，フィナンシャル・フェア・プレー規制導入によってトップクラブは，ようやく企業として利益を確保できる状況になったことを述べた。しかし，そんな時代になってもいまだに巨額の赤字を計上しているのがイングランド2部のチャンピオンシップ（Championship）クラブである。

図表8-6は，イングランドリーグの2部（チャンピオンシップ），3部（リーグ1），4部（リーグ2）のリーグ全体の売上高（収入）と賃金の割合を示した図である。人件費（賃金）を売上高で除したもの（人件費／売上高）は売上高人件費率といわれて，サービス業における経営の健全性を図る指標として活用されている。2016/17シーズンと2017/18シーズンの2シーズンを集計したものであるが，まず収入が2部と3・4部とは大きな格差があることが目立つ。さらに企業経営としては通常はあり得ないことであるが，2部では売上高の99％（2016/17），106％（2017/18）を賃金で使用していることである。

その他の各種費用が発生するのにもかかわらず，収入（売上高）のすべて，またはそれ以上を人件費で使用してしまっている状態である。これでは持続性のある経営は望めない。

これは世界最高の人気リーグであるプレミアリーグ（1部）には巨額の放映権料が入ってきており，経営的に大きな利益を生みだすことができるため，2部の各クラブは何が何でもプレミアリーグに昇格したいのである[12]。そのために金に糸目をつけずに選手を補強して資金を使っていることを示している。

---

[11] 営業費用が発生する供給業者，賃金を払う選手，金利を払う銀行，税金を払う政府等。利害関係者（steakholder：ステークホルダー）と呼ばれる。

図表8-6　イングランドリーグ2部・3部・4部全体の売上高（収入）と賃金の割合

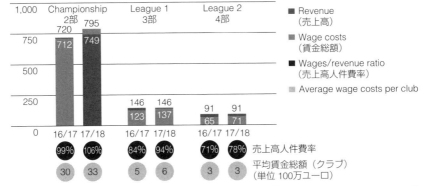

Chart 14：Football League clubs'revenues and wage costs–2016/17 and 2017/18（€m）

（出典：Deloitte analysis 2019.）

　24クラブ中上位3クラブ（3クラブ目はプレーオフで決する）しか昇格できず，プレミアに昇格してもいつまた2部に降格するかもしれない中で，経営的に無理がある補強をする理由はもう一つある。それは「パラシュート補助金（parachute payments）」である。

　パラシュート補助金とは，プレミアリーグに在籍した後に2部チャンピオンシップに降格した場合は，プレミア在籍期間に応じて巨額の補助金が供与されるシステムである。その原資になっているのはプレミアリーグが享受している巨額の放映権料である。2017/18シーズンではパラシュート補助金は2億4,300万ポンド（約340億円@Y140）に達し，それが8つのクラブに支払われている。

（6）当期純利益

　損益計算書のボトムラインである「当期純利益」は，貸借対照表に反映される。先に述べているが再度説明すると以下の図示になる。

　Jリーグ，例えばJ2のクラブの財務諸表では，当期利益がマイナス，すなわち当期損失を計上しているクラブが多く散見される。それらの赤字は利益

12　最低でも放映権料収入配分が各クラブ年間100億円以上入る。

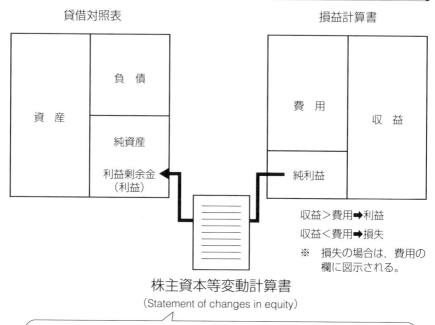

図表 8-7　貸借対照表と損益計算書のつながり

貸借対照表

損益計算書

負　債

資　産

純資産

利益剰余金
（利益）

費　用

収　益

純利益

収益＞費用➡利益

収益＜費用➡損失

※　損失の場合は，費用の
　　欄に図示される。

株主資本等変動計算書
（Statement of changes in equity）

国際的にも財務諸表の一つと位置づけられている。
純資産の部の変動明細で，なぜ変動したのかを把握するための財務諸表である。
損益計算書と貸借対照表をつなぐ役割を担う。

毎期の利益（損益計算書）の蓄積が利益剰余金（貸借対照表）となる。

剰余金でカバーされる。しかし損失が積み上がって，利益剰余金自体がマイナスに陥る（資本の欠損）ことがある。そのマイナスが資本金と法定準備金（利益準備金＋資本準備金）の合計額を上回る場合には，「債務超過」の緊急事態になる。至急株主または第三者から出資を求め，債務超過を解消することが必要となる。

　しかし債務超過だけでは企業は倒産しない。重要なのはキャッシュ（現金）である。

　注意が必要なのは，会社（クラブ）経営にとって重要なのは会社を存続させることである。すなわち「勘定合って銭足らず[13]」にならないことである。キャッシュ（現金）がなければ，資金繰りがつかず，期限が到来した借金を

86

返済できず，倒産する可能性が発生する。そこで重要になってくるのが財務三表の一つである「キャッシュフロー計算書」である。

【参考文献】
砂川伸幸（2017）『コーポレートファイナンス入門（第2版）』日経文庫
日本経済新聞社（編）（2019）『財務諸表の見方（第13版）』日本経済新聞出版社
西山茂（2019）『「専門家」以外の人のための決算書＆ファイナンスの教科書』東洋経済新報社
菊地正俊（2021）『No.1ストラテジストが教える米国株投資の儲け方と発想法』日本実業出版社
伊藤邦雄（2018）『新・現代会計入門（第3版）』日本経済新聞出版社
Maguire, K. (2020) The Price of Football, Agenda Publishing
Oxford University (2016) A Dictionary of Accounting, Oxford University Press
Warner, S. et al (2017) The Finance Book, Pearson
Chelsea FC Plc Annual Report and Financial Statements For the Year ended 30 June 2016
Manchester United Football Club Limited. Annual Report and Financial Statements for the Year ended June 2020

---

13 会計上は利益がでているのに，現金がないので，借金の支払決済ができない状況。

第Ⅸ章 | キャッシュフロー計算書 (CFS : The Cash Flow Statement)

> キャッシュが王様だ。あなたが得られるキャッシュを一滴残らず自分のものにして，それを大事にしろ (Cash is king. Get every drop of cash you can get and hold onto it)

（ジャック・ウエルチ，1981年から2001年まで米国GEの有名な会長兼CEOの言葉）

> 現金は事実，利益は意見 (Cash is a fact, profit is an opinion)：キャッシュは誰が見ても同じだが，利益は経営者が採用する会計方針によって金額が異なる

（米国の経済学者　アルフレッド・ラパポート）

先に損益計算書を見ただけでは「勘定合って銭足らず」になる可能性がある，支払債務の返済期限到来した時に「現金 (cash)」を用意できるかどうかが重要であり，用意できなければ，倒産すると述べた。「キャッシュフロー計算書」は会社のキャッシュフロー（現金収支：現金の流れ）の状況を報告する役割を担っている。

財務三表のうち，損益計算書は会社の経営成績を表し，貸借対照表は財政状態を表すが，資金繰り（現金のやりくり）の状況はわからない。損益計算書は発生主義で計上されるので，売上や費用は現金の動きとは別のタイミングで損益計算書に計上される。売上，費用が計上されると同時に利益も計上されるが，この時点では現金の回収はなされていない。したがって，損益計算書の利益は，代金の未回収の段階で認識される。これが利益と現金がずれる原因になっている。損益計算書が黒字でも，売掛金（ツケ）などの回収が遅れれば，会社が倒産する可能性がある。

要するに，損益計算書だけでは期間中にキャッシュがどの程度出入りした

かがわからない。こうした重要なキャッシュの動きに関する情報を外部に知らせる報告書がキャッシュフロー計算書である。キャッシュとは，現預金，そして現金同等物と呼ばれる現金にすぐ変えられる安全な金融商品（短期の定期預金等）を指す。キャッシュフロー計算書によって貸借対照表の期首の「現金および現金等価物」が期末までにどう変化したか，その増減の要因を知ることができる。

1　キャッシュフロー計算書

　このキャッシュフロー計算書が日本に導入されたのは 2000 年 3 月期からで，「金融ビッグバン」と呼ばれる日本の金融システム変革に合わせた導入である。当時，バブル後の日本経済の低迷により，海外からの資金導入を図ることが目的であった。

　この金融ビッグバンに合わせて，会計制度も大幅に刷新された。それを「会計ビッグバン」と呼ぶ。海外からの資金を呼び込むためには海外投資家が理解しやすい制度に変更する必要に迫られたのである。その一つがキャッシュフロー計算書の導入であった。当時，日本では損益計算書上では黒字であるのに，突然倒産するという「黒字倒産」が発生したこともキャッシュフロー計算書導入の契機になった。

　また，北海道拓殖銀行，日本長期信用銀行，山一證券等大企業の経営破綻が相次いだ時代でもあった。それまで倒産など考えられない有名大企業が破綻したことが日本社会に大きなインパクトを与えた。

　金融商品取引法は，この流れの中で，2006 年に証券取引法等を抜本的に改正して成立・施行されたものである。

　金融商品取引法は，この法律に基づく「ディスクロージャー制度（企業内容等開示制度）」の適用を受ける（上場企業等）大企業に対してキャッシュフロー計算書を作成し，公表することを要求している。加えて，多額の有価証券を発行して資金調達を行う企業に対して「有価証券届出書」の作成と開示を求め（発行市場），さらに有価証券を証券取引所に上場している企業に「有価証券報告書」を毎期作成開示することも要求している（流通市場）。この届

出書と報告書に財務諸表が含まれており，投資家は証券投資の意思決定の際に財務諸表を活用する。

キャッシュフロー計算書は３つのキャッシュフローから構成されている。

❶ 営業活動（operating activities）からのキャッシュフロー

営業キャッシュフローは，本業の儲けに関連するキャッシュフローである。本業では儲けが出るのが普通であるので通常はプラスとなる。本業で儲けが出ないと企業存続の問題となる。

❷ 投資活動（investing activities）からのキャッシュフロー

投資キャッシュフローは，事業投資や財務投資に関連するキャッシュである。将来（中長期）に対する投資（固定資産購入・売却等）であるので，通常はマイナス（資金の出超）となる。

❸ 財務活動（financing activities）からのキャッシュフロー

財務キャッシュフローは，資金提供者（株主や債権者）とのやりとりに関連するキャッシュフローである。

キャッシュフローを捉える時は，あくまで現金の出入を示すものであることに注意が必要である。現金が入れば「プラス」，出れば「マイナス」である。したがって，営業キャッシュフローでは，本業が儲け（利益）を生み出し，現金が入るので「プラス」である。次に投資キャッシュフローでは，投資するということは現金が出ることであるので「マイナス」で計上する。逆に投資（例えば不動産投資で取得している物件）を売却すれば，代金として現金が入ってくるので「プラス」で計上する。最後の財務キャッシュフローでは，銀行からの借入（負債（debt））または証券市場からの株式発行による調達（株式（equity））があれば，現金が入ってくるので「プラス」で計上し，借入返済とか，発行株式の配当金（dividend）支払は，現金が出ていくので「マイナス」で計上する。ただし銀行借入による金利支払（interest payment）は営業活動に伴うものであるので，営業のキャッシュフローに計上される。この場合金利支払は営業キャッシュフローで「マイナス」で計上される。

繰り返しになるが，キャッシュフロー計算書とは，現金（キャッシュ）の動きをベースにした企業の一定期間の活動報告書である。そこでキャッシュフ

ロー計算書と損益計算書の違いは，損益計算書は「一定期間の儲け（会計上の利益）」がどのように生み出されるかを表すのに対して，キャッシュフロー計算書は「一定期間にどのように現金（キャッシュ）」が生み出されたかを表すものである。

2　営業キャッシュフロー（operating activities）

　会社の本業（ビジネス）によって一定期間にいくらの現金が入ってきたか，または出て行ったかを示す。営業活動によるキャッシュフローは，損益計算書の営業利益ではなく，税引前当期純利益をスタートにして，利益とキャッシュフローのタイミングのずれを調整することで集計される。調整項目は主なものとして，キャッシュの動きのない損益の調整としての減価償却費[1]や，運転資本（working capital）の変化の調整として，売掛金や在庫の増減があった場合に利益とキャッシュフローの間で生じるずれを調整する。

　営業キャッシュフローの計算書の作成と表示方法には，直接法と間接法の2通りがある（国際会計基準 IAS7）。直接法は，期中の収入額と支出額の総額を記載することにより，期中における資金の増減を明らかにする方法である。他方，間接法の場合は，損益計算書の当期純利益（税金等調整前当期純利益）に所定の調整を加えることにより，期中の資金変化額が間接的に明らかにされる。これにより当期純利益とキャッシュフローで差異が生じている原因を明らかにすることができる。直接法は作成に手間がかかるため，間接法を採用する企業が多い。

　間接法による営業キャッシュフローの計算は以下の手順で行われている。

1．①営業損益計算の対象になった取引に係るキャッシュフロー，②営業活動に係る債権・債務から生じるキャッシュフロー（運転資本），③「投資活動および財務活動」以外の取引によるキャッシュフローに分ける。
2．手順：「税金等調整前当期純利益」からスタートする。ここに調整を加え

---

[1] 費用であってもその時に現金が支払われない。資産購入時に現金は支払われているが，償却は「費用収益対応の原則」で費用をその資産が使える期間に割り振る。

て利益をキャッシュの動きに変換する。

①営業活動を示すように「税金等調整前当期純利益」を「営業利益」に戻す。

　マイナス調整：営業外収益，特別利益

　プラス調整：営業外費用，特別損失

②「非資金項目」の調整を行う。

　プラス調整：資本流出を伴わない費用（減価償却 depreciation/amortization 等）

③営業活動に関係する資産・負債の増減を調整する。

　資産側（debtors）：売上債権，棚卸資産の増加（マイナス調整）／減少（プラス調整）

　（売上債権，例えば売掛金：掛売りが増加＝キャッシュが入ってこない→マイナス調整）

　（在庫：棚卸資産（stock）が増加＝販売されていないのでキャッシュが入ってこない→マイナス調整）

　負債側（creditors）：仕入債務の増加（プラス調整）／減少（マイナス調整）

　（仕入債務，例えば買掛金：ツケで買う＝キャッシュがすぐには出ていかない→プラス調整）

　これらの調整によって営業利益（operating profit）を営業キャッシュフロー（cash from operating activities）へ変換する。この後に当期の支払額や受取額である，利息および配当金の受取額，利息の支払額，法人税等の支払額を記載する。

　上に見るとおり，営業キャッシュフローを見るときには，損益計算書の売上高，営業利益および貸借対照表の営業債権・債務の増減と比較することが重要である（日経（2019））。

　日本のプロスポーツはキャッシュフロー計算書を開示していないので，情報公開が進んでいる英国サッカープレミアリーグのチェルシーFC（Chelsea FC）のキャッシュフロー計算書（後掲図表 9-1 参照）を見ると，営業キャッシュフロー（cash flows from operating activities）の欄に本業からのキャッシュフロー（cash generated from operations）が計上されている。その数字はスタートとして損益計算書の税引前当期純利益（税金等調整前当期純利益（profit/loss before tax）） にキャッシュフローの修正項目を加除して本業からのキャッシュフローを求めて得られたものである[2]。そこですでに例えば金利支払・受取のずれを調整している。営業キャッシュフローの最終計算では実際にその期に金利の支払，または受け取ったキャッシュを計上する操作を行う。チェルシーの計算書でもそれが読み取れる。

　損益計算書では利益を求める際には現金の出入りがなくても発生主義で計算されているので，その部分は逆に加除修正を行わないと現金の流れがわからないため，修正しているのである。ここでも利益とキャッシュフローの計上のタイミングが異なる点が関係してくるのである。

3　投資キャッシュフロー（investing activities）

　企業の投資活動に関連するキャッシュの動きを集計したもので，企業が事業の成長のためにいくらキャッシュを使ったか，またはすでに投資していた資産を売却する等キャッシュがいくら入ってきたかを表す。具体的には，設備投資や買収等事業に関連する投資や，余資のキャッシュで有価証券（株式・債券等）等を購入する財務関連の投資が含まれる。通常は，会社の将来のための投資という視点から投資のために支払う金額が多くなるため，投資キャッシュフローはマイナスになることが多い。

　後述図表 9-1 の 2020 年度のチェルシーFC のキャッシュフロー計算書の投資キャッシュフローをみてみよう。この年度も投資キャッシュフローは総額で 3,400 万ポンド（47.6 億円@Y140）である。内訳は，選手の登録権購入が 1 億 900 万ポンド（145 億円）の「マイナス」，選手の登録権売却で 8,070 万ポンド（113 億円）の「プラス」がメインの項目である。勘定科目上は選手の登録権売買は，「無形固定資産（intangible assets）」の売買で記録されている。プロサッカークラブの中でもプレミアリーグで，それもイングランドのトップ 6 といわれる強豪クラブが高額選手を抱えていることは，投資キャッシュフローを見れば明らかである。

---

[2]　英国の場合も税引前当期純利益（profit before income taxes）がスタートになっている。

4　財務キャッシュフロー（financing activities）

　企業と，企業に資金を提供している株主や債権者との間でのキャッシュの動きを集計したものである。企業が事業に必要な資金をどのように調達して，そして返済したかを表す。増資や借入の増加，社債の発行では資金調達でキャッシュが入って来るので「プラス」，他方，配当金や自社株買い，借入金の返済や社債の償還では資金返済でキャッシュが出ていくので「マイナス」と記録される。

　財務キャッシュフローは，企業の成長段階で変わる。成長している段階では積極的に事業投資するために借入金等を増やすので，キャッシュフローは「プラス」，安定してくると借入金返済や自社株買いによって「マイナス」になる。

　チェルシーFC では 2020 年度，借入（7,200 万ポンド：約 100 億円）と借入返済（9,600 万ポンド：約 135 億円），さらに増資による資金調達が記録されている。チェルシーの場合は，オーナーのアブラモヴィッチ氏がロシアの石油王であるので，オーナーからの借入が大きな割合を占めていると思われる（注記なし）。なおプレミアリーグで唯一，上場（米国ニューヨーク証券取引所）しているクラブがマンチェスター・ユナイテッドである。オーナー（グレイザー一家）以外に機関投資家が大株主として登場しているため，株主に対する配当金（dividend）の支払を継続的に行っている。2020 年度財務諸表によればユナイテッドの配当金支払は 2,300 万ポンド（32 億円@ Y140）に達している。

5　事例研究—チェルシーとトテナム—

　先に営業キャッシュフローは，本業の儲けであるので，「プラス」が普通で，一方，投資キャッシュフローは事業の成長のために企業が将来に対して使用した資金であるので「マイナス」が普通であると述べた。この営業キャッシュフローと投資キャッシュフローのバランスを測るものとして「フリーキャッシュフロー（自由に使用できる資金）」の概念がある。企業が本業によっ

図表 9-1　チェルシー FC のキャッシュフロー計算書

CHELSEA FC PLC
GROUP STATEMENT OF CASH FLOWS
FOR THE YEAR ENDED 30 JUNE 2020　　単位：1,000 ポンド　（　）はマイナス

	Notes	£000	2020 £000	£000	2019 £000
Cash flows from operating activities（営業キャッシュフロー）					
Cash generated from/(used in) operalions	31		21,738		(54,627)
Interest received			7,971		2,460
Interest paid			(3,300)		(2,548)
Taxation received/(paid)			5,171		(4,104)
Net cash inflow/(outflow) from operating activities			31,580		(58,819)
Investing activities（投資キャッシュフロー）					
Purchase of intangible assets		(109,249)		(282,236)	
Proceeds on disposal of intangibles		80,758		119,771	
Purchase of tangible fixed assets		(5,670)		(14,407)	
Proceeds on disposal of tangible fixed assets		–		2,887	
Net cash used in investing activities			(34,161)		(173,985)
Financing activities（財務キャッシュフロー）					
Proceeds from borrowings		72,101		126,805	
Repayment of borrowings		(96,000)		(53,500)	
Issue of share capital		7,000		164,400	
Net cash (used in)/generated from financing activities			(16,899)		237,705
Net increase/(decrease) in cash and cash equivalents			(19,480)		4,901
Cash and cash equivalents at beginning of year			36,580		31,679
Retranslation of foreign currency subsidiary			(23)		–
Cash and cash equivalents at end of year			17,077		36,580

The notes on pages 18–39 form an integral part of these financial statements

（出典：Companies House Chelsea FC PLC 30 JUNE 2020 財務諸表から）

て稼いだお金（営業キャッシュフロー）から，将来のための投資（投資キャッ
シュフロー）の資金を控除して，十分な余裕があるかを測るものである。換
言すると，投資までを含めた本業から生み出したキャッシュフローを指す。
　このキャッシュフローに余裕があれば，すなわち「プラス」であれば，一
般企業の場合，積極的な設備投資や研究開発に資金を使える。また余裕資金

を活用して，財務キャッシュフローの改善を有利子負債の返済によって行うことができる。フリーキャッシュフローがプラスであれば，安全なキャッシュフローのマネジメントといえるが，急成長企業であれば一時的なマイナスが生じることがある。当該企業が成長のどの段階にいるかをチェックすることが肝要である。

　それに対して営業のキャッシュフローが「マイナス」は芳しくない状況と考えられる。営業キャッシュフローは先述のとおり，損益計算書の税引前利益に調整項目を加除修正して求めるものである。したがって，営業キャッシュフローがマイナスであれば，「ボトムラインの税引後当期純利益」がマイナスのことが多く，さらにそれは「フロントラインである売上高，営業利益等」で問題が隠されている可能性がある。営業キャッシュフローはその意味で重要である。営業キャッシュフローが「マイナス」の場合は，本業で利益が出ておらず，投資する余力がないことを示す。

　チェルシーFC は毎年営業利益が赤字である。高額の選手給与は売上原価 (cost of sales)，選手移籍金償却が事務コスト（administration expenses）に含まれている。ただし，注記には売上原価の説明はなく，選手・コーチの人数の表示と事務スタッフも含めた人件費の記載があるだけである。

　そもそも高額選手を抱えてアグレッシブなクラブ運営を行っているように見える（営業利益は高額な人件費負担に加えて選手登録権の償却負担に大きく圧迫されている：2019年度1億7,000万ポンド（238億円））。それはオーナーの富豪アブラモヴィッチの100％出資で成り立っているクラブだから可能になっている。それを純利益で黒字に持って行くために，高額選手の登録権売買で売却益（2020年1億4,200万ポンド：199億円（PLで見ると選手登録権売却で営業損失をカバーしている））を計上して当期純利益を計上している。

　高額有名選手の活躍によって売上高が純増傾向を維持しているが（2020/6期はコロナの影響で減少），高額選手の人件費負担は重い。サッカークラブにとって選手の登録権売買は本業とされていないが，現実にはそれで当期利益を確保しているのは否めない。高額選手を抱え経営的には重荷であるが，その分リーグ戦，カップ戦での活躍が期待できるともいえる。

　その甲斐あってか，2021年チャンピオンズリーグでチェルシーは優勝し

図表 9-2　チェルシーFC（Chelsea FC PLC）キャッシュフロー

単位：1,000 ポンド（　）はマイナス

	2017/6	2018/6	2019/6	2020/6
売上高	361,308	443,449	446,741	407,402
営業利益	(53,383)	(47,014)	(162,666)	(111,564)
当期純利益	15,261	62,033	(96,571)	32,473
営業 CF	63,123	67,594	(58,819)	31,580
投資 CF	(39,427)	(106,537)	(173,985)	(34,161)
財務 CF	(17,833)	37,635	237,705	(16,899)
CF 増減	5,863	(1,308)	4,901	(19,480)
フリーCF	23,696	(38,943)	(232,804)	(2,581)
キャッシュフローの調整項目				
選手登録権償却（営業 CF）	89,642	125,554	170,010	129,141
選手登録権売却益[3]（営業 CF）	(69,226)	(112,995)	(60,459)	(142,645)
選手登録権購入（投資 CF）	(135,071)	(191,710)	(282,236)	(109,249)
選手登録権売却代金（投資 CF）	100,995	91,778	119,771	80,758
利益剰余金残高（BS）	(776,048)	(712,754)	(807,873)	(774,039)

（出典：Chelsea FC PLC の年次報告書を筆者がまとめたもの）

た。まさに巨額の投資が結実し（paid off），大きな結果を残したのである。

　しかし，課題は 7 億 7,400 万ポンド（1,083 億円）の累積損失（資本の欠損，剰余金のマイナス）の改善である。クラブはオーナーの個人会社が 100 ％株式

---

[3] プロサッカークラブにとって，選手登録権の売却（無形固定資産の売却益）は本業（営業）ではなく，その利益は営業外収益と認識されるので，営業キャッシュフローから除外する調整を行う。

を所有して負担しており，まさにサッカーファンのオーナーの意向次第という体制である。これを見ると前章で説明したフィナンシャル・フェア・プレー規制の目的がクラブの財政健全性を確保することとはいえ，オーナーの財力の差によって明らかにクラブ間に競争力格差が存在し，リーグ戦の面白さがなくなる懸念があるのではないか。

なお，第2章のフォーブス誌による2020年度の企業価値ランキングで，チェルシーは37位にランキングされている。この数字によればチェルシー所有により含み益（評価益）は2,000億円以上と見積もられ，オーナーはクラブ売却によって累積損失解消の上で，1,000億円以上の利益を得る計算となる。クラブ売却の噂が出る背景と思われる。

他方チェルシー同様に，プレミアリーグのトップ6クラブの1クラブであるトテナム・ホットスパー（通称スパーズ Spurs）はチェルシーとは経営方針が大きく異なる。伝統的に保守的な経営を行ってきており，以前，経営陣[4] がクラブ経営をうまく行っている[5] とサポーターに報告したところ，「経営よりも優勝しろ（at the top of the league）」と言われて，サポーターのメンタリティを嘆いたと言われている[6]。

キャッシュフローを見ると営業利益（本業）は着実に計上しているので「プラス」を計上している。そんな保守的な運営をするトテナムが，2018年，2019年と2年続けて巨額の投資キャッシュフローマイナス[7]を計上しているのが目立つ。その内容はスタジアム建設費用である。

トテナムの旧スタジアムはプレミアリーグとしては最も狭いスタジアムの一つであり（36,284人），リーグでライバル（例えばマンチェスター・ユナイテッドの本拠地は75,000人収容）に対抗するためにスタジアムを拡大することが長年の課題であった（入場料収入の拡大からスポンサー料，放映権収入拡大へつながり，営業利益キャッシュフローが拡大する）。一時，国立の Wembley Stadium を間借りしていたが，旧スタジアムの場所に新スタジアムを建設したのである。

スタジアム建設が始まったのが2017年で，建設費用が投資キャッシュフ

---

[4] プレミアリーグ最長である2001年から20年間の会長職に留まる Levy 会長。

[5] 利益を望む「株主」とピッチでの成功を望む「サポーター」のバランスをとる。

[6] BBC Sport https://www.bbc.co.uk/sport/football/56300543

図表 9-3　トテナム（Tottenham Hotspur Limited）キャッシュ
フロー

	2017/6	2018/6	2019/6	2020/6
売上高	309,674	380,697	460,695	402,386
営業利益	51,687	138,909	87,356	(67,724)
当期純利益	36,185	112,953	68,356	(63,916)
営業 CF	206,812	96,015	243,689	74,701
投資 CF	(214,916)	(474,797)[7]	(415,952)[7]	(140,388)
財務 CF	35,598	279,364	195,111	168,379
CF 増減	27,494	(99,418)	22,848	102,692
フリーCF	(8,104)	(378,782)	(172,263)	(65,687)
キャッシュフローの調整項目				
選手登録権償却（営業 CF）	42,905	57,510	47,505	75,350
選手登録権売却益（営業 CF）	(39,964)	(73,058)	(10,885)	(15,397)
選手登録権購入（投資 CF）	(61,675)	(73,849)	(49,166)	(83,524)
選手登録権売却代金（投資 CF）	67,507	79,908	46,437	24,687
利益剰余金残高（BS）	176,143	289,096	357,648	293,732

（出典：Tottenham Hotspur　年次報告書を筆者がまとめたもの）

7,8　スタジアムの減価償却（depreciation）は所有権（freehold）で毎年 2 ％（50 年），
リース（leasehold）はリース期間で定額法で行う（トテナム年次報告書 2019/6 期
（p38））。
スタジアム建設による減価償却費は概算で 2019/6 期は 2,486 万ポンド（34 億円），
2020/6 期は 8,150 万ポンド（114 億円）となっている。その金額だけ営業利益引
き下げ要因となっている。その金額は営業キャッシュフローにプラス調整される。

ローに反映されたことがキャッシュフローの大幅マイナス[8]につながったが，将来の営業キャッシュフロー拡大のための投資である。2018/6 期の不動産投資は 4 億 9,300 万ポンド（686 億円），2019/6 期には 4 億 2,000 万ポンド（588 億円）に達し，投資キャッシュフローのマイナスのほとんどを占める。2020 年 6 月期決算では（スタジアムを中心とする）不動産簿価（残高）は，139 億 8,000 万ポンド（5,572 億円）になっている。売上高は 2019 年度急拡大したが，2020/6 期はコロナ感染拡大で減少せざるを得ず参考にならない。

　チェルシーとは異なり，安定的な経営によって利益剰余金残高は 2 億 9,400 万ポンド（411 億円）のプラスを計上している。こちらはスポーツビジネスとして成立している。

　レベルが似ているクラブを比較してみると，クラブの出資関係（オーナーシップ）や経営方針の違いが損益計算書，キャッシュフロー計算書に表れているのは興味深い。

【(注) 図表 9-1，9-2，9-3 への補足説明】
(例)
　ある選手を他クラブから獲得した場合のキャッシュフロー調整および後年，当該選手を他クラブへ移籍させた場合のキャッシュフロー調整

(例)
2018 年　選手獲得（移籍金発生）　500,000 ドル
　　　　　→投資キャッシュフロー：登録権購入　マイナス 500,000 ｝(2018 年度のキャッシュフロー計算書)

2020 年　当該選手を他クラブへ移籍させる（移籍金入る）
　　　　　→投資キャッシュフロー：移籍金入金　プラス 600,000 ｝(2020 年度のキャッシュフロー計算書)
　　　　　→営業キャッシュフロー：売却金　マイナス 100,000
　　　　　　　（ここでは減価償却は無視している）
(留意点)
　(1) 選手獲得と，当該選手の売却でタイムラグがあるため，投資キャッシュフローを単年度で見てもわからない
　(2) 損益計上の科目の問題がある。例えばスタートが営業損益で，登録権売却損益が，特別利益に計上される場合は，営業キャッシュフローから減額する必要がない。

【参考文献】

日本経済新聞社（編）『財務諸表の見方（第13版）』(2019)，pp.174-181，日本経済新聞出版社

グロービス（2018）『ポケット MBA 財務諸表分』pp.109-133，PHP 研究所

高橋文郎（2021）『証券市場基礎知識：外務員必携1（2021年版）』日本証券業協会

上村達男・清水真人（2021）『金融商品取引法：外務員必携1（2021年版）』日本証券業協会

Maguire, K. (2020), The price of football, pp.43-48, Agenda Publishing Limited

Warner. S. etal（2017）The Finance Book, Pearson

Chelsea FC PLC: Annual Report and Financial Statements for the Year ended 30 June 2017-2020

Manchester United Football Club Limited: Annual Report and Financial Statements for the Year ended June 2020

Tottenham Hotspur Limited: Annual Report and Financial Statements for the Year ended 30-June 2017-2020

第 X 章 | 資金調達 —サポータートラストの展開と問題点（事例：AFC Wimbledon）—

　プロサッカークラブも一般企業と同じで，自分の保有する希少な内部経営資源（ヒト・モノ・カネ・技術・情報）を有効活用して利益を生み，それを株主に配分する活動を行う。内部経営資源の中で，どれが優先されるかは企業によって異なるが，「カネ」はほかの経営資源とは異なる性質を持つ。

　すなわち，企業は経営資源を活用して諸活動を行うが，どんなに収益性の高い事業を行っていても，毎日の資金のやり繰り（資金繰り）に失敗すると，支払資金が不足し（ショートし）倒産の憂き目にあうこともあるからである。「勘定合って銭足らず（帳簿上，利益が出ているが，おカネがなく，支払ができない）」（会計上の数字と現金の数字との差異）とは，資金繰りの重要性を示した言葉である。前章のキャッシュフロー計算書の箇所で繰り返し述べてきたとおりである。

　前述のとおり，サッカービジネスは昇格・降格に伴う売上高変動が激しく，プロサッカー選手の年俸高騰もあり（人件費が高騰），さらには，移籍金の償却負担も大きいので財務管理が難しいビジネスである。そのため，英国内はもちろん欧州のプロリーグでリーグ全体では毎年売上高増加を記録するものの，個々のクラブでは経営破綻が起こっていることが新聞等で知られている。

　「ビジネス（利益を生むこと）第一」で生まれたアメリカのメジャースポーツと比較すると，イングランドで生まれたプロサッカーでは，「勝利第一」の考え方は，ファンのみならず，経営者にもいまだに根付いており，健全経営が後回しになってきた歴史がある。前章の英プレミアリーグクラブの経営比較で説明したとおりである。しかし，欧州においては，サッカーはただのスポーツではなく，EU（欧州連合）の統合のシンボルとして位置づけられており，それが衰退することは大きな問題になる。そこでUEFA（欧州サッカー連盟）は，フィナンシャル・フェア・プレー規制[1] を導入した（第6章参照）。

1　資金調達の基礎

　企業の経営活動は，財務面から見ると，資金を調達して，これを運用し，利害関係者に再配分する活動である。

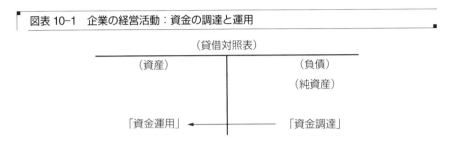

図表 10-1　企業の経営活動：資金の調達と運用

　わかりやすい例が銀行であるが，預金者から金利 1 ％で「預金」（借入金と同じ：負債）を受け入れ，それを例えば企業に 2 ％で貸し出す（貸付金：資産）ことによって金利の差額「2－1＝1 ％」の利ザヤを儲けるビジネスとなる。製造業であれば，借入金，または株式発行で調達した資金を工場建設経由して，製品を製造して販売し，最終的に資金を回収するという長いサイクルとなるだけで，安く資金調達して，高く資金運用して，差額を儲ける仕組みは同じである。企業の資金調達を「企業金融（ファイナンス）」という。

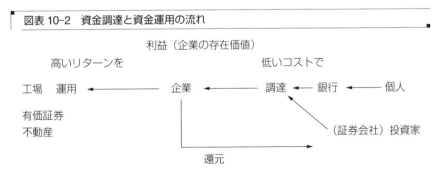

図表 10-2　資金調達と資金運用の流れ

企業金融は，外部金融と内部金融に分けられ，資金調達の方法としては図

---

1 ヨーロッパのクラブが支出と収入のより持続可能なバランス（収支均衡）を達成することを目的とする。クラブ間の競争均衡を目的とはしていない。

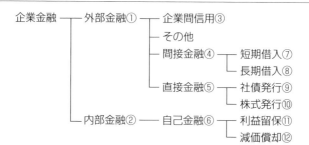

① 外部金融：企業外部から資金調達する方法。
② 内部金融：企業内部で資金調達する方法。自己金融ともいう。
③ 企業間信用：代金決済を現金ではなく信用で行う企業間取引（例：ツケ等）。
④ 間接金融：金融機関を通じて市場から間接的に資金調達する方法（例：銀行借入）。
⑤ 直接金融：株式や社債（借入金と同じ性格）などの証券を発行して，資本市場から投資家の資金を「直接」調達する方法。
⑥ 自己金融：内部金融のこと。
⑦ 短期借入：通常1年以下の期限で行われる資金借入。運転資金（企業の日常的な運営に必要とされる資金）に使用される。
⑧ 長期借入：通常1年超の期限で行われる資金借入。設備資金に使用されることが多い。
⑨ 社債発行：企業が証券（社債券）を発行することによって，投資家から大量に資金を集める手段である。一定の定め（年数，償還価格等）によって償還されるもの。発行企業は返済義務あり。
⑩ 株式発行：企業が証券（株券）を発行することによって，投資家から大量に資金を集める手段である。最初に企業の設立時に行われ，その後は，増資という形で行われる。資金提供者である株主（投資家）への返済義務はない。企業にとっては外部からの資金調達で最もありがたい安定的資金である（返済義務がない，利益が出なければ配当金を支払う必要がない）。
⑪ 利益留保：企業が生み出した利益のうち，配当等で社外に流出した分を除いた金額を言う。企業にとってはコストゼロの資金であり，それを資金運用に回せるので（言葉を換えると，事業に再投資される），最も安定的資金源である。
⑫ 減価償却：土地を除く有形固定資産の使用可能額を使用期間内に費用として配分する手続きである。財務的には，減価償却費に相当する現金支出を生じない。すなわち，減価償却相当額が企業内部に留まるので，同じ金額を資金調達したのと同じ効果がある（移籍によって他のクラブから加入した選手の移籍金：無形固定資産の減価償却含む。欧州のクラブで採用されている処理）。

（出典：齋藤他（2012）p.107 一部改変）

表 10-3 に示す方法がある。概略だけは押さえておきたい。

　日本の企業の資金調達では，戦後の資金が枯渇した時代から，銀行が中心となる間接金融が優位であったが，グローバル化の時代を迎え，証券形態による直接金融が比重を増してきた。しかしそれは主に財務状態に優れた大企業に与えられた仕組みであり，中小企業の資金調達は相変わらず間接金融中心である。

　日本では開廃業率がアメリカに比べていずれも低水準で，かつ廃業率が開業率を上回る状態が続いている。それに対応して，会社法の改正により，資本金１円で会社設立ができるようになったが，新規創業において一番の問題は資金調達である。会社としての信用がない場合は，間接金融もままならない。

　間接金融の場合は，貸出金に対して金利が約束どおり支払われるか，また最終期限（償還時）に全額が返ってくるか，その会社の「安定性」を見て貸出が行われるため，新規創業では資金を借りることは難しい[2]。結局はスタートでは，自己資金，一族，友人からの借入で始めることになる。上述のとおり，おカネは借りれば返すのが当然である。しかし，会社を創業したばかりの時には，資金繰りが大変である。そこで，中小零細企業は株式発行による直接金融を希望するところが多いが，投資家から見れば，将来性が判断できず，知名度がなく，上場もしていない[3] 会社に投資することは極めてリスクが大きい。もちろん，公的な金融支援制度もあるが，新規創業の立ち上げの資金調達は依然として困難である。

　アメリカでは，新規創業で成功し，「エンジェル（天使）」と称される資産家（例えばビル・ゲイツ）が，夢をもってチャレンジするアントルプレナー（新規創業者）に資金を提供するなどの環境がある。また政府もアメリカ企業の新規創業意欲が衰退の懸念があると，2012 年に The Jobs Act という中小企業と新規創業を資金面からも助ける法律を施行している。中小企業振興と新規創業は日本だけでなくアメリカでも雇用創出の源となる重要な活動なのである。

---

[2] 第５章参照
[3] すなわち証券取引所を経由し，他人への売却によって資金回収をすることができない。

	アマチュア	従来型プロスポーツ	現代型プロスポーツ
入場料	○	◎	◎
会費・登録費	◎	○	○
寄付金	◎	○	○
政府補助金	○	◎	◎
飲食売上	◎	○	○
スポンサー・広告	×	○	◎
グッズ売上	×	○	○
テレビ放映権料	×	○	◎

（注）◎：大変重要，○：重要，×：重要ではない

（出典：Stewart（2007）p. 21 Table 2.1 一部改変）

2　スポーツビジネスと資金調達

　Andreff and Staudohar（2002）の三段階モデルが，アマチュアからプロに移る過程での資金調達の重要性の違いについて，ポイントをまとめていて参考になる。

　アマチュア組織は，地域レベルの参加に重点が置かれた会員中心型組織となっている。資金調達は入場料のほかは，会費，寄付金，飲食売上が中心となる。それに対して，従来型プロスポーツでは，入場料や地域からの支援を確保しつつも，スポンサー・広告や政府補助金が重要な資金調達源となる。企業型プロスポーツの前身である。

　現代型プロスポーツでは，クラブのブランドやスポンサー等企業との取引を大きく増やしてきている。重点はスポーツの発展ではなく，売上高向上にある。企業規模拡大のために株式市場経由，安定的資金獲得を目的として，株式公開（上場）するクラブも増える。

　1990 年代に英国プロサッカーにおいてプレミアリーグが誕生し，ヒルスバラ事件[4] を契機として，近代的スタジアム建設等で資金需要が膨らんだが，

---

[4] スタジアム不備で多数の死傷者が出た事件。

上場資金でその建設資金（資本的支出）を賄った経緯がある[5]。プロサッカービジネスは業績変動の大きいリスクビジネスであるので，ごく一部のクラブ[6]を除いては，長期借入，またはクラブのサポーターからの支援（後述3.参照：サポータートラスト）に頼むことになる。英国のプロサッカークラブの場合，長期借入の際は，無担保借入（企業の信用に対して資金借入を行う）ではなく，スタジアムのリース債権担保等有担保借入（返済できないと差し出した担保物件を没収される）で資金を到達している。

　三段階モデルで英国のサッカークラブを整理すると

　アマチュア：9部〜5部（Tier9〜Tier5：セミプロ）

　従来型モデル：4部（リーグ2）〜3部（リーグ1）

　現代型モデル：1部（プレミアリーグ）〜2部（チャンピオンシップ）

となろう。

　1990年代に現代型モデルで，証券取引所に上場（40数クラブ）し，株式発行による資金調達を行った企業は多かったが，サッカーバブル崩壊，さらにプロサッカークラブ経営の本質的脆弱性が機関投資家（生命保険会社，年金資金ほか）から敬遠され資金調達が難しくなったため，ほとんどのクラブが上場廃止となった。しかし，そのような環境の中でも，アーセナルやマンチェスター・ユナイテッドは，社債発行で長期資金調達を行うことに成功した。

　現在（2021年），株式市場に上場しているプロサッカークラブは以下のとおりである。

① 英マンチェスター・ユナイテッド Manchester United（NY証券取引所，MANU）

② 伊ユベントス Juventus（OTCPK店頭市場，JVTSF）

③ 独ドルトムント Borussia Dortmund（OTCPK店頭市場，BORUF）

④ 英セルティック Celtic（OTCPJ店頭市場，CLTFF）

⑤ 伊ラッチオ Lazio（OTC店頭市場，SSLZF）

⑥ トルコ・フェネルバフチェ Fenerbache（トルコ市場）

---

[5]「1　資金調達の基礎」で解説した資金調達の種類に則していえば，長期借入，社債発行，株式発行の他，内部留保で賄うのが適当である。

[6] 株式・社債を発行したマンチェスター・ユナイテッドや社債を発行したアーセナル等。

⑦　伊ローマ AS Roma（OTCPK 店頭市場，ASRAF）

⑧　トルコ・ガラタサライ Galatasaray（トルコ市場）

⑨　トルコ・トランゾンスポル Trabzonsporti（トルコ市場）

⑩　英バーミンガム Birmingham Sport（香港：オーナーは中国人）

⑪　蘭アヤックス Ajax（店頭市場，AFCJF）

　その他 NY 証券取引所でサッカー株式を含むスポーツ関連企業に投資する上場投資信託（ETF）（Roundhill MVP ETF（MVP））が活発に売買されている。

図表 10-5　運転資金（クラブの日常的な運営に必要とされる資金）の資金源

1	会費
2	入場料
3	ホスピタリティ（食事付き特別室，特別席）
4	特別資金調達イベント
5	くじ引きやゲーム
6	グッズ売上
7	スポンサーや広告宣伝（命名権や提携契約を含む）
8	食事提供サービス（ケイタリング）
9	放映権（テレビ，ラジオ，インターネット等）
10	投資収益
11	政府補助金

図表 10-6　運転資金で賄う費用明細

1	賃金・給与（選手・スタッフ）
2	スタッフ福利厚生費用
3	マーケティング・コスト
4	事務所費用
5	スタジアム維持費用
6	選手の用具代，ユニフォーム代
7	スタジアム施設の減価償却

　構成する株式は，カーレースのフォーミュラーワン（1位），NYの有名ス
タジアムであるマジソン・スクエア・ガーデン（2位）以外では，マンチェス
ター・ユナイテッド（3位），ユベントス（4位）ナイキ（7位）等が上位になっ
ている。1単位の株価は15ドル前後（1,600−1,700円程度（2021/6現在））で
日本からも購入できる。もちろん，投資信託でなくても上場株式であれば1
株から購入できる（yahoo.finance）（Seeking Alfa 2021/06/05）。

　スポーツを含めてサービス業では人件費の比重が大きい。そこで売上高人
件費率（売上を1単位上げるために必要とされる人件費）がプロサッカー業界で
は重要指標となっている。

売上高人件費率＝人件費/売上高

　プロサッカー，特にプレミアリーグについては，人件費（wages）とリーグ
成績の間に相関関係があるとの実証研究がある[7]。したがって，各クラブと
も選手の補強に力を入れるのだが，昇格・降格制度があるので，必ず決めら
れた数のクラブが下位のリーグに降格する（同数の昇格クラブが上位リーグに
上がる）。そうすると，その降格したクラブは翌シーズン，人気が劣るリーグ
でプレーするため，売上高が激減する。そうなれば高給プレイヤーを放出す
るかどうかの経営意思決定を迫られる。財務破綻を危惧しつつ，高給プレイ
ヤーを抱えて，翌シーズン昇格を目指すのか，それとも安全策をとって，ひ
とまず高給プレイヤーを放出して財務的な安定を維持するか（その場合は，翌
シーズン，さらに下位リーグへ降格するリスクを抱える）である。ただし，プレ
ミアリーグでは，降格するクラブに対して，プレミア在籍期間に応じて支給さ
れる激変緩和措置として「パラシュート補助金（parachute payments）」がある。
　Deloitte（2014）によれば，2012/13シーズンの売上高人件費率（wage to
revenue ratio）は，イングランド・プレミアリーグで71％，イタリア・セリエ
Aでも71％, スペイン1部（プリメーラ・ディビシオン）56％，ドイツ・ブン
デスリーガ1部51％, フランス・リーグアン66％となっている。1部では

---

[7] 2012/13シーズンについてはDeloitte 2014　p.36

ないが，イングランド２部であるチャンピオンシップでは2012/13シーズンでの平均売上高人件費率は，過去最高の106％にも達している。その内，チャンピオンシップ・リーグの半数のクラブで売上高以上に人件費を使っている。これは何が何でも翌シーズンはトップリーグであるプレミアリーグに昇格するとの意向で選手陣営を整えた結果である。

　サッカーは先の読めないリスクビジネスではあるが，一般の企業経営からすればあり得ない経営行動である。収入以上に選手獲得や報酬にカネを払う。まさにこれがサッカービジネスの現状である。チャンピオンシップほどでなくても，選手を補強すると人件費が先に増加する。昇格すれば翌シーズンは観客入場者数が増えて，それが広告宣伝，放映権料増加に結びついて，売上高が増加するというタイムラグが発生する構造である。いわんや，選手を補強しても，昇格できなければ人件費だけ増加して，売上高は変わらず，売上高人件費率は上昇して，経営を圧迫することになる。難しいビジネスである。

　次にアマチュア（実際には Conference League というセミプロリーグ５部）からイングランド・フットボールリーグ（English Football League：EFL プロ）のリーグ１（３部）に昇格した AFC Wimbledon の財務諸表から，中小プロサッカーチームの財務状況およびクラブ運営を見ていく。プロサッカーリーグビジネスの一端を感じ取っていただきたい。

3　中小クラブのファイナンス事例：英国イングランド３部 AFC Wimbledon

　AFC Wimbledon は，前身は Wimbledon FC というイングランドのトップリーグ（当時は First Division）のクラブで，1988 年には FA カップで優勝した伝説的なロンドンのクラブである[8]。そのクラブが，オーナーがスタジアムの狭さを解消し観客動員数を増加させるべく本拠地をそれまでの場所から遠く 100 キロも離れた都市に移転したことにサポーターが反発して，サポー

---

[8]　決勝で Liverpool FC を破って優勝した。賭け率は 10：1 で，Liverpool の勝利が当然と思われていたが，The biggest upset in history（歴史上もっとも驚きの結果）と称された。

図表 10-7　AFC Wimbledon 組織体制（サポーター・トラスト：ST の位置づけ）

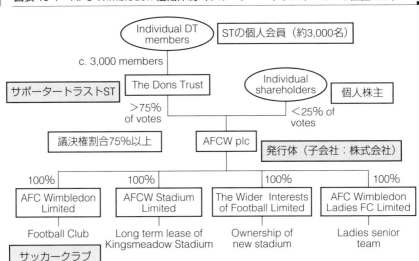

Note: since this diagram was created, AFCW Stadium now holds the short-term lease of Kingsmeadow Stadium instead of the long-term lease.

（出典：Dons Trust HP）

（組織図の説明）

・STであるDons TrustがサッカークラブAFC Wimbledonを持株会社であるAFCW plcを経由して実質的にクラブを所有（own）する。
・STはAFCW plcの株式議決権（votes）の75％以上を所有する
・STの個々の会員は共同で（collectively）STを所有し，ST会員がクラブを支配する（remain control）組織構造になっている。
・AFCW plcは4つの子会社（subsidiaries）を所有する。どの会社もAFCW Wimbledonの組織体制の中でそれぞれの役割を果たしている。
・いかなる個人もST（Dons Trust）またはAFCW plcでは支配株主ではない。

（出典：https://thedonstrust.org/our-corporate-structure/）

ター自らがクラブを創立したのが AFC Wimbledon である（2003 年）。

　クラブは最下位リーグであるイングランド 9 部からスタートして，現在 3 部にまで登りつめた。その過程で，クラブ経営者，サポーター，地域住民が，30 年間仮住まいのスタジアム（ロンドン近郊の Norbiton, Surrey）から，発祥の地（ロンドン市内西南部 Plough Lane,SW17）に戻りスタジアムを建設することに賛成し，移転することになった。

　ファンが所有するクラブとして，資金調達についても実質的にクラブの所有者である ST（Supporter Trust サポータートラスト：サポーターが組成する一種の

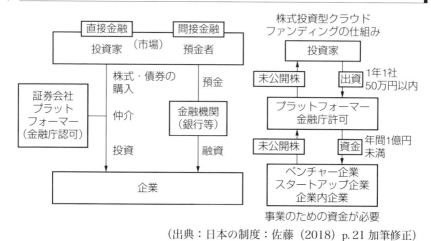

(出典：日本の制度：佐藤（2018）p.21 加筆修正)

組合（図表 10-7））の総会で決議して計画がスタートしたのだが，問題は資金調達である。

　トップリーグのプレミアリーグのクラブであれば，放映権料収入だけでリーグから分配金として1年間100億円以上の収入が入るが，3部のクラブでは放映権料収入はほとんどなく（カップ戦中心），小さいスタジアムで観客からの入場料収入に頼らざるを得ず財務基盤は脆弱である。そこで現在のスタジアムの3倍の観客席を擁するスタジアムを新設することになった。それによって入場収入を拡大し，それを基盤にスポンサー収入を増やす戦略であった。しかし銀行借入であれば，金利は高く，資金負担に耐えられない。そこで小口の個人投資家からの株式投資型クラウドファンディング（図表10-8）によって，クラブのサポーター，地域の住民，そしてクラブの活動を支援する英国中のサッカーファンからの資金調達を図ったのである。

　旧スタジアムの売却資金とクラウドファンディングで低コストの資金調達を行い，不足分を私募債[9]と銀行借入で賄う計画である。昨シーズン(2019/2020)は 2020/3 にコロナ感染拡大でリーグ戦が試合を残して途中で

---

[9] private placing：主に非上場企業が仲介者を入れず直接投資家に販売する方法。前掲図表 10-3 ⑨社債発行の1種。

終了したが，AFC Wimbledon は 24 チーム中 20 位で，かろうじて降格を免れた（選手に対する報酬総額はリーグで 21 位であった）（AFCW plc 決算報告より）。

　AFC Wimbledon の売上高および構成比（2019 年）は，総売上高が 582 万ポンド（約 8.1 億円@Y140）であり，入場料収入が 58 ％，スポンサー収入他商業収入が 24 ％，寄付 5 ％，ユースからの収入 13 ％（合計 100 ％）であった[10]。

　ちなみに英国で一番人気のあるマンチェスター・ユナイテッド（プレミアリーグ）の売上構成は以下のとおりである（2019 年度実績）[11]。

　総売上高：6 億 2,700 万ポンド（877 億円）100 ％

　　商業収入（スポンサー収入他）：2 億 7,500 万ポンド（350 億円@Y140）
　　　　　　　　　　　　　　　　　　　　　43.8 ％

　　放映権収入：2 億 4,100 万ポンド（337 億円）38.4 ％

　　入場料収入：1 億 1,000 万ポンド（154 億円）17.5 ％

　　その他

事例クラブである AFC Wimbledon の 100 倍の規模である。

（1）ファイナンスの背景・課題：発行体側の課題・議論：AFCW plc

　スポンサー企業が存在せずサポーター自ら所有するクラブのファイナンス上の問題は，現実には以下が項目が挙げられる。

　「ファンがクラブを所有する」とか，「ファンのためのクラブ」といった意見がよく聞かれるが，現実は大変厳しいと思われる。大企業の実質子会社で運営されているクラブが多い J リーグクラブにとっても参考にもなるのではないだろうか。

　① ファンが所有するクラブにとっては，フィナンシャル・フェア・プレー（FFP）規制：（支出を収入の範囲内に収める）は世間一般で理解されていることと違わず，当然の規律である。しかし，上位リーグでは，放映

---

[10] Companies House AFCW plc 財務諸表
[11] Manchester United NYSE 提出四半期資料 2020　MANU 10-Q, 2020

権料収入の急増に伴いヨーロッパのトップリーグ間の選手引き抜き合戦で移籍金，報酬が高騰していることもあり，身の丈以上の支出が行われている。その余波が下位リーグにも及んできている。収入が限られ乏しい下位クラブでは優秀な選手獲得することは至難の業である。したがって，自らよりもさらに下位リーグのクラブから選手を獲得し，出場させるしかない。もちろん，これによってその選手が素晴らしいパフォーマンスを示し，上位クラブから引き抜かれればクラブに移籍金が入ることになるが難しい運営を強いられる。プレミアリーグですら，サザンプトン（Southampton）のようなクラブも同様の方針を採っていると言われている。

② プロサッカーリーグのビジネスモデルは，昇格・降格制度の存在が特色である。優秀な選手を獲得しないと，翌シーズンには，さらに下位リーグに降格するリスクがある。降格すれば入場料収入はもちろん，スポンサー収入にも影響を及ぼす。売上高が激減し，経営が立ち行かなくなるおそれが出てくる。

③ そのような状況下では一時的なキャッシュフローのギャップを埋めるためにも「安定的資金調達」が大きな課題になっている。ここでも安定的資金調達として外部投資家からの出資（返済不要。前掲図表 10-3 ⑩株式発行）が期待されるが，投資家が経営権を要求する場合があり，クラブの経営理念（ファンによるファンのためのクラブ）とのバランス（トレード・オフ：二律背反）の問題が発生する。

（2）スタジアムファイナンスについて

ファンがクラブを所有する AFC Wimbledon でのスタジアム建設にかかわる資金調達について行われた議論を紹介したい（特別総会 2019/12（SGM December 2019）議題）。議題については，以下のようなものであった。

① 今のクラブの財政状況からすれば，スタジアムを拡大できず，そのため観客収容人数・収入を当初予定より減らさざるを得ない。そうであれば現在所属するリーグ 1（イングランド 3 部）の中で最小の選手予算となり，たとえ降格したとしても下位リーグのリーグ 2（同 4 部）でも他と競

争できるチームを作れない。

② 以前より総会で承認されている 1,100 万ポンド（15 億 4,000 万円）の資金調達を行えば，来年（2020 年）1 月には第一段階の工事の契約ができる。しかし，その資金調達は短期にしかすぎず，リファイナンス（借換え）が必要であるが，財務的に厳しい。それを避ける為には，株式での調達か超長期（40 年以上）負債（セール＆リースバック）で資金調達するしかない。

③ 現在までの資金調達状況：地元事業開発共同体から：（スタジアム隣接の不動産開発：1,400 万ポンド：19.6 億円），旧スタジアムの売却代金 350 万ポンド（4.9 億円），直近の株式クラウドファンディングの調達金額（250 万ポンド：3.5 億円）

これに対して，総会で示された選択肢は次のとおりであった。

❶ 選択肢 1：外部から借入を行う

負債で 1,100 万ポンド調達する。今まで努力してきたが，低金利で，返済期限が長い調達のオファー（提案）はなかった。金額自体に無理がある。

❷ 選択肢 2：株式投資型クラウドファンディングによる資金調達

クラウドファンディング第 2 弾で株式発行による資金調達を行う。しかし英国における規制で 1 回の調達後 1 年間は 2 回目ができない。いずれにせよ，会員がすでに 1 回目に多額の資金提供をしているので難しい（スタジアム沿線を走る鉄道の車内広告で，沿線住民の出資を募る）。

❸ 選択肢 3：寄付

ST（Dons Trust）会員とファンに寄付（donations）をお願いする。1,000 万ポンド（14 億円）だとすれば，会員（約 3,500 名）に対して一人 3,000 ポンド（約 42 万円）以上となる。しかしクラウドファンディングの後で，そんな金額は現実的ではない。

❹ 選択肢 4：外部の投資家からの出資（株式での資金調達）

ST 以外からの投資を呼び込む（external investment）。地元（ウインブルドン近辺）に住んでいる個人の富裕投資家である。クラブのためを思って資金を提供したいと考えていて，個人の利益も目的とする株式投資型クラウド

ファンディング（図表 10-8）で資金を提供した人々とは考え方が異なる。彼らの観点からすると，ST が「議決権 75 ％以上」[12] にこだわるのは問題だ。クラブの売却，クラブ本拠地の移転，クラブの名称変更等の重要事案に ST が拒否権（veto）を持つことに異論はない。しかし将来のさらなるクラブの資金調達の際に，ST が議決権 75 ％以上にこだわるのは障害となる。あくまでクラブの経営計画によって決められるべきである。さらにはAFCW plc の「ガバナンスの問題」がある。現状は ST が役員を送り込んでいるが（過半数），よりふさわしい役員陣が会社（AFCW plc）全体のために，日々の業務を運営するだけではなくビジネス面，金融面で意思決定を行うべきで，ST（Dons Trust）の指名した役員が過半数を占めるのはガバナンス上問題がある（the changes to the governance and structure of the club）。

・　ST 役員の見解：銀行借入と比較すると，財務的安定性は大きく，キャッシュフローに対するプレッシャーを緩和するので，選手の予算も維持でき，それが新しくよりよりスタジアムにつながる。

・　様々なビジネス知識・経験を持った人々が AFCW plc の役員陣に加わる。

・　最終的な目標である 20,000 人のスタジアムに向け早期達成の可能性が出てくる。

・　ST（Dons Trust）は他の投資家と並んで将来の株式発行に参加することで AFCW plc の議決権割合を減じる（dilute 希薄化）ことを避けることができる（ST が新株発行に参加するための資金調達ができる前提）。

❺　結果

　クラブ内での種々の議論を経て，最終的には私募債発行（クラブ会員向け債券発行），大口の個人投資家の出資等の成功によって，資金繰りの目処がついたので当面資金的には安泰である。しかし，将来的には安定的資金調

---

[12] 75 ％以上の議決権：英国会社法において，重要な決議方法として，Ordinary Resolution（普通決議）と Special Resolution（特別決議）がある。重要な事項の決議を行うには特別決議が必要となる。要件として株式総数の 75 ％以上の賛成により可決される。定款変更（英国会社法 21 条 1 項），社名変更（英国会社法 77 条 1 項），減資（英国会社法 641 条 1 項 (a) 1），解散（Insolvency Act 1986 の 84 条 1 項 (b)）などが挙げらる。

達（株式発行による資金調達）が再度組上に上がるのは必至である。それまでにはクラブの出資構成をどうするのか議論して，会員の賛成を得ることが必要である。具体的には定款変更，クラブ解散等重要事項をサポーターが決定できる ST 出資比率 75 ％以上とするのか，それともクラブが取締役の選任等の普通決議ができる ST 出資比率 50 ％超で納得するのかを決める。同時にクラブの持ち株会社（AFCW plc）の役員構成をどうするか。大口投資家の意向を入れて外部からの役員を受け入れるか。

（3）各資金調達手段（ファイナンス）のメリット・デメリット

資金調達手段についてまとめると以下のとおりとなる。

❶　銀行借入（前掲図表 10-3 ⑦⑧）

　取引銀行が借入人の財務状況を知っているので，機動的な対応が可能である。しかし担保（借金返済が滞った場合に備え，提供される。借金の弁済を確保する手段）を銀行に提供する事例が多いので，債務不履行になれば担保物件を取り上げられる。

❷　株式発行（前掲図表 10-3 ⑩）

　上場（株式が証券取引所に登録されて自由に売買される）していれば公募で大量に安価に資金調達が可能である（例　NY で上場しているマンチェスター・ユナイテッド）。しかも借入や債券発行とは異なり，借金ではないので，返済不要である。投資家は一般的には発行者の収益性，成長性を評価して出資する。それに対して，AFC Wimbledon のように非上場株式での資金調達では，株式を自由に売買できないという流動性不足の欠点を承知で投資家が投資（出資）する。地元の富裕層がクラブの支援のために出資を依頼されることも多い。

❸　株式発行（株式投資型クラウドファンディング。前掲図表 10-3 ⑩）

　小口個人投資家を対象に株式発行することによる資金調達である。総額，1 人当たりの投資金額，年間の発行額等で制限がある。先に述べた一般の株式発行と異なり，1 人当たりの投資金額が制限されるので，企業を乗っ取られるリスクは少ない。ただしプラットフォーマーと称される仲介人に払う発行者手数料は高く調達コストは割高になる。

❹ 債券発行（債券を投資家に発行して資金調達を行う。前掲図表10-3⑨）

　投資家に広く募集して資金を調達する公募債と，限られた投資家（しばしば発行者のことを熟知している投資家）から資金調達する私募債がある。中小企業であれば大量の資金調達を安価で行う公募債発行は可能ではない。私募債が対象となる。逆に私募債であれば，調達する金額は限定的である。

❺ 寄付（無償で資金を提供してくれる投資家からの資金調達）

　発行者のことを熟知しており，なおかつ親近感を持っている個人／法人に限られる。金額的に，また回数的に限界がある。

　先述の AFW Wimbledon の事例では，以前は銀行借入と寄付が中心となっていた。

　「銀行借入」についてはスタジアムのグラウンドが担保物件となっていた。「寄付」は，クラブの熱心なサポーターおよびクラブ役員からの提供される資金である。ファンが所有するクラブであるので，サポーター・クラブ役員からの寄付金額は全体の収入金額の中で比較的大きな額を占める。「ファンが所有するクラブ」の面目躍如である。

　次に「債券発行（私募債）」による資金調達である。こちらもクラブのサポーター（ST の会員が多い）が応募している。今回のスタジアム移転による資金調達問題で，新たに私募債による資金調達を行った。その案件では，1口単位金額（1,000 ポンド＝約14万円）だけが決まっており，何口応募するか，返済期限も金利も投資家で決めて応募（入札）する。発行者は安くて長いものから調達を決める方法を採用している。私募債であるので，発行者（クラブ）と投資家（サポーター）は面識があり，資金返済についても話し合って決めるなど，寄付に近い資金調達となっている。発行者（クラブ）は資金繰りが厳しいので，投資家と話し合って「金利ゼロ」または「金利支払猶予」「元本の期限返済猶予」等通常の債券発行では起こり得ない条件で資金調達を行っている。

　株式発行（通常の株式発行）については，クラブ設立時に株式を発行して資金調達を行っている。その際に「複数議決権株式」を発行している点が特筆される。米国ではアマゾンやグーグル等ハイテク会社で行われる典型的発行

形態である。普通株式を２種類に分けて，一方は投資家用に１株：１議決権（株主が株主総会での決議に参加する権利。１株１議決権の原則），他方は発行者用（オーナー）に１株に対して（例えば）10議決権を付与する形態をとる。

　本件，AFC Wimbledon の場合は，１株３議決権の株式も発行し，オーナー（ST）の議決権割合を75％以上にして「ファンが所有するクラブ」としている。返済不要の資金を大量に調達したいが，経営権は渡したくないとの趣旨の資金調達である。同様の株式発行は，マンチェスター・ユナイテッドが上場しているニューヨーク証券取引所で１株10議決権の株式を発行し，オーナー（グレイザー氏）一族が所有する形態を採用している。

　今回 AFC Wimbledon（発行者は AFCW plc）が資金調達を検討した際に，大口個人投資家から要求されたのは議決権割合75％の引き下げとクラブ役員の外部からの採用である。すなわちクラブの経営のガバナンスを要求されたのである。それとクラブの設立・経営理念である「ファンの所有するクラブ」とガバナンスのバランスの問題が提起されたのである。

　2021年５月のヨーロッパ・スーパー・リーグ構想（European Super League）は頓挫したが，サポーターから「クラブはサポーターの意見に耳を傾けろ，今回の騒ぎで UEFA（欧州サッカー連盟）から制裁を受けるのは確実で，クラブに損害が発生する，従って現首脳陣は退陣しろ」等々の要求がデモを通して行われた。これに対して，マンチェスター・ユナイテッドは現 CEO[13] がシーズン（2021/22シーズン）終了とともに退陣するのみならず，ユナイテッド株式の議決権を90％以上支配するグレイザー一族が所有する株式と同率の議決権（１株10議決権）を有する株式をサポーターに売却し（新株を発行しないのであれば，グレイザー一族からの売出しとなる），またサポーターの意見を聞く組織を新たに創るとの報道もある（SA Breaking News Team2021/06/05）。今回の騒動で株式を持たないサポーターの声が経営に届くほどに大きな出来事であったことが特筆される。

---

[13] Ed Woodward 氏。2005年のグレイザー一族のマンチェスター・ユナイテッド買収で M&A アドバイスを評価され，マンチェスター・ユナイテッドに引き抜かれたと言われている。

（4）新スタジアムの活用

　スタジアムの命名権等はすでに決定し予算に組み込まれている。新たな動きとして，他のプロスポーツクラブとのスタジアム共同使用（ground sharing）による使用料獲得がある。ロンドン市内の新スタジアムであるので，他のクラブからのニーズがある。現在，ラグビーリーグ（英国 13 人制のプロラグビーリーグ）のクラブからグランド共同使用の提案を受けて，検討中である。契約は 10 年で毎年 2,000〜5,000 万ポンド（28〜70 億円@Y140）の収入が入ってくると見込まれている。しかし，クラブはファンの組合である ST が100％所有しているので，ST での議論，投票によって重要事項が決まっていく。現実に，新スタジアムがラグビーで芝生が痛む，スタジアムの最初の試合は自分のクラブが使用する等々，会員からの声が上がる。本件議案も ST 役員が事前に協議して，その上で会員に説明し，「この案に賛成 in favourすることを役員としては推奨する」として，総会開催通知を作成するのである。ファンが所有する，すなわち多数の利害関係者の意向を踏まえて決定することであるので，時間と労力がかかる。

【参考文献】

Oxford（2016）Oxford Dictionary of Business and Management, Oxford University Press, p.462

Dons Trust HP

https://www.mkikuchi-law.com/article/15009040.html

Stewart, B.（2007）Sport funding and finance, Elsvier, pp.18-29

齋藤他（2012）『ファイナンス入門』放送大学教材　（財）放送大学教育振興会

佐藤公信（2018）『クラウドファンディング 2.0（株式投資型クラウドファンディングでイノベーションを起こせ！）』日本文芸社

西崎信男（2017）『スポーツマネジメント入門〜プロ野球とプロサッカーの経営学〜（第 2 版）』税務経理協会

早稲田大学スポーツナレッジ研究会（編）（2020）『これからのスポーツガバナンス』創文企画，pp.67〜79

（後記）

　新スタジアムでの 2021/22 シーズンが始まった。海外向けストリーミングサービスで実況中継を観戦している。収容人数が 4,850 人（旧スタジアム）から 9,215 人に拡大したこともあり，観客数はほぼ倍増，胸ロゴスポンサーも新しい企業になり，スタジアムの広告も増えた。

　営業収益（売上）の急拡大は間違いなさそうだが，「ファンが所有するクラブ」という経営理念を中長期的に維持できるか課題が残る。とりあえず無事な船出になったようである。

coffee break 2　プロスポーツと株式（1）

　EURO2020（UEFA欧州選手権）において，サッカーの超大物選手で健康
志向で有名なクリスチアーノ・ロナウド（Cristiano Ronaldo）が，記者会見
の席で，目の前に置かれたコカ・コーラ（Coca-Cola）2本を脇にやり，代
わりに1本の水のボトルを目の前に置いて，「Agua（水：ポルトガル語）」
と言って，皆に飲むように勧めたことがネット画像で報道された。

　ロナウドはツイッターとインスタグラムでフォロワーが3億9,200万人
を誇るインフルエンサーでもあるが，その彼が大会スポンサーのコカ・コー
ラを粗末に扱ったように見えた。このことが影響したのか，その日のニュー
ヨーク株式市場ではコカ・コーラの株価は小幅ながら0.3％下落したが，注
目されたのは，その日の金融情報サイトYahoo Financeでは，コカ・コーラ
の検索件数が，若者が大好きなゲーム業界企業を抜いて，No.1となったこ
とであった。

　2021年6月（本書執筆時点）で，株価の下落は長くは続かないと見ら
れている。米国経済はすでにコロナ感染から立ち直り，コカ・コーラの
2021年3月の出荷ケースは2019年レベルにまで戻っているのである。こ
れを反映するように，コカ・コーラの株価は過去3か月で見ると9％上昇
し，S&P500指数が4％の上昇を大きく上回っている。

　ニューヨークのヤンキースタジアムでも，観客は大きなコカ・コーラと大
きなポップコーンを両手に抱えて応援するのがごく当たり前の光景であり，
それが戻ってくれば売上高が回復し，株価も上昇する。

　この事件はプロスポーツ選手の予想にだにしない行動が逆に宣伝となり，
人々の注目を集めた面白い事例である。もちろん，宣伝に長けたコカ・コー
ラは，怒るのではなく，「ロナウドも好きな飲物を飲む権利はある」と軽く
受け流したことも，いかにもスポーツビジネスに慣れた国際企業であること
を示す証拠であると感心させられた。

【参考文献】 Yahoo Finance 2021/6/16

coffee break 3　プロスポーツと株式（2）

　クリスチアーノ・ロナウドが，Euro2020 から 2 か月，またもやサッカー界を揺るがせた。

　イタリアのユベントス（伊ミラノ証券取引所上場）から，自分が育った英マンチェスター・ユナイテッドへの出戻り電撃移籍が発表されたのである。

　サッカー界では移籍が可能な期間は決まっていて，8 月 31 日が夏の移籍シーズンの最終日であった。特にロナウドについてはライバルであるマンチェスター・シティへの移籍が有望視されていたので，驚きの移籍となった。

　移籍発表を受けて，マンチェスター・ユナイテッドの株価（MANU：ニューヨーク証券取引所）は 8.48 ％，ロナウドを移籍させたユベントス（JVTSF：店頭市場 OTCPK）は 5.99% の株価急騰を記録した（8 月 27 日現在）。プロサッカークラブは，サービス産業でサービスの担い手である選手は重要な経営資源である。したがって，ロナウドのような超有名選手が加入するとなれば，クラブの資産価値は急騰するのは当然であろう。もちろん，会計的にはロナウドの経済価値は移籍金の金額で表示されるので，ユナイテッドはかなりの含み資産を獲得したと見られたのであろう。

　ロナウドはユベントスであと契約期間 2 年を残しているが，クラブの政策や年齢的なものを勘案し，ユベントスはあえて価格交渉はせず，廉価な移籍金＊（2,800 万ユーロ：約 36 億円@ Y=130）で応じたものと思われる。賞味期限のあるプロサッカー選手を契約年数と年俸と移籍金で総合的に判断して投資（または売却）する。フィナンシャル・フェア・プレー規制の成約の下で，経営戦略，その中の財務戦略の巧拙が問われる。まさにスポーツファイナンスである。

＊　2009 年ユナイテッドからスペイン・レアル・マドリッドへ移籍時には 8,000 万ポンド：112 億円@ Y=140 の移籍金が払われた。

【参考文献】

Manchester United gains 8%, agreeing to deal with Ronaldo in surprise move

(updated) Aug. 27, 2021 11:51 AM ET Manchester United plc (MANU) Juventus

Football Club S. p. A. (JVTSF) By: Jason Aycock, SA News Editor

https://finance.yahoo.com/quote/JVTSF?p=JVTSF&.tsrc=fin-srch

https://finance.yahoo.com/quote/MANU?p=MANU&.tsrc=fin-srch

124

第XI章 | 米国・EU 諸国における情報開示について

1　米国での財務状況開示について（上場企業と非上場企業）

　米国における証券取引関連法の目的は，投資家の保護，効率的で公正な資本市場の形成，経済の発展等である。その目的を達成するために，不特定多数の一般投資家が参加する公募[1]市場や流通市場では，開示義務，詐欺防止条項（anti-fraud provision），証券業者の規制など，証券取引関連法（1933年証券法[2]，1934年証券取引所法[3]）と証券取引委員会（SEC, Securities and Exchange Commission）による広範な規制が行われている。一方，限られた投資家を対象とする私募[4]市場は，登録免除の条件を充たせば開示義務の対象外になっている。

　その理由は，上場企業（公開会社[5]：publicly owned business）の株式は一般投資家にも販売されるので，投資家保護のために上場企業の財務内容を開示する必要があるためである。それに対して，非上場企業（非公開会社：privately owned business）には財務諸表の開示の必要がない。その理由はそれらの企業に投資する投資家（適格投資家[6]）は当該企業，証券の内容を十分理解しているとみなされているため，証券法により保護の必要が少ないと開示義務の対象にはなっていないからである[7]。

---

[1] 対象を限定せず，一般の投資家に対して証券を発行すること。1933年証券法5条により登録が必要とされる。

[2] 証券の発行市場を規制する。

[3] 証券の流通市場を規制する。

[4] 特定の投資家に対して証券を発行することであり，証券法4条（a）（2）または証券法ルール506に基づく登録免除の対象になる。

[5] 公募を行った発行者

[6] 機関投資家等，証券法による保護がなくても自らを守ることができる知識や経験を有する者等。

[7] 日本では，上場企業以外でも，株式数や公募債（不特定多数の投資者向けに発行される社債）で，一定の基準を充たす場合には，有価証券報告書の提出が必要となる。第3章コンサドーレ札幌の事例参照。

1934年取引所法は，1933年証券法で要求されている発行市場における公募の登録制度を流通市場にも適用し，公開市場で取引されている株式の発行体に対して証券取引委員会への登録を義務づけた。

登録された会社は，証券取引委員会に継続開示（periodic disclosure）を行い，投資家に情報を開示しなければならない。そのような会社を報告会社（reporting company）という。

適格投資家のみに対する募集に関しては開示の必要はないが，非適格投資家（一般投資家）に対しては開示の義務がある。

（1）　登録会社の開示規制

株式または債券を取引所に上場させている会社は，取引所に登録して写しを証券取引委員会に提出しなければならない（12条）。

（2）　継続開示義務

報告会社は，登録を有効に継続し，年次，四半期および臨時報告書を使って証券取引委員会と市場に，継続的な開示を行わなければならない。

報告様式として，以下がある。

❶　年次報告書（Form10-K）

財政年度終了後90日以内に，登録届出書と同様の詳細を開示する。米国市場に上場する米国会社が公開する場合の年次決算開示様式のことを示し，日本における年次の報告書である有価証券報告書にあたる。

貸借対照表，損益計算書，キャッシュフロー計算書等の財務データのほか，事業内容，リスク要因，コーポレート・ガバナンス等が含まれる。米国以外の発行者はForm20-Fを提出する（例：ニューヨーク証券取引所上場の英国プロサッカーManchester United plc）。

❷　四半期報告書（Form10-Q）

四半期終了後45日以内に，四半期財務諸表とリスク要素の更新を中心とする開示を行う。

❸　臨時報告書（Form8-K）

特定の重要な事項が発生してから4営業日以内に提出する。会社支配権

の変更，企業買収，行政処分，破産，取締役の退任，監査人の変更などの財政状態に影響を与えるイベント（特別な事象）が重要な事項に含まれる。

証券取引規制は，証券の発行体に開示義務と不実開示[8] による責任を負わせることにより，投資家に正しい情報を提供させることである。

図表 11-1　発行企業による情報開示

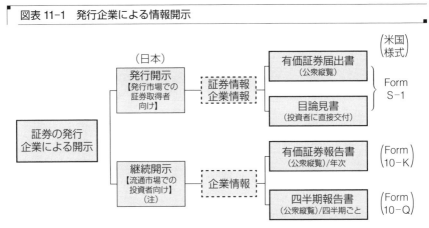

(注)　重要事実が発生すれば，そのつど臨時報告書および取引所の適時開示制度による開示が義務づけられている。(Form8－K)

有価証券届出書による開示は，資金調達実施時の投資家への開示（発行市場における開示）である。

一方，有価証券報告書による開示は，上場会社等の流通性の高い有価証券の発行者が定期的に行う流通市場における開示である。

（出典：近藤他（2018）p44 を筆者加筆修正）

　米国で最大の非上場企業は穀物メジャーであるカーギル（Cargill）である。その売上高は 1,130 億ドル（11 兆 8,650 億円@Y105）に及ぶと推定されている（estimated）。フォーブス（Forbes）のような出版社は，一般大衆に対して，非上場企業といってもその巨大さを感じてもらうために巨大企業のリストを用意している。もちろん非上場企業は法律的には（legally）財務情報を開示する必要はないが，大規模な非上場企業の売上高の推定値（estimate/情報がもっと不確かな場合は guesstimate）[9] を見つけることはさほど難しくはない[10]。

---

[8]　事実と異なる記述（misrepresentation）を指す。

米国のプロスポーツ球団で信頼できる利益の数字を開示している上場（公開）企業はほとんどない。開示している数少ない球団の一つが大リーグ野球（MLB）のアトランタ・ブレーブズ（the Braves）である。

「非上場（非公開）の球団について，その球団の現実の財務情報を見る機会は，あなたや私がロースター（roster：選手登録枠）に入るよりはるかにむつかしい」とのコメントが時として聞かれるが，米国人研究者でも共有されている意見である[11]。

米国の４大プロスポーツで上場しているのは以下のとおりである。

- ・　NFL（アメリカンフットボール）：なし
- ・　NHL（アイスホッケー）：New York Rangers（MSG 名），Toronto Maple Leafs（BCE 名），Montreal Canadiens（BCE 名）
- ・　NBA（バスケットボール）：New York Knicks（MSG 名），Toronto Raptors（BCE 名）
- ・　MLB（野球）：Atlanta Braves（BATRK），Toronto Blue Jays（RCI 名）

（注）
MSG；Maddison Square Gardens
BCE：Maple Leaf Sports & Entertainment Ltd. （MLSE）
BATRK：The Liberty Braves Group（BATRK）
RCI：Rogers Communications Inc.

オーナー（親会社）はいずれもコングロマリッド[12]で傘下に球団を持つ形式となっている。なおブレーブズ自体は非上場企業であるが，親会社が上場しているので，以下のとおり親会社の時価総額が判明しており，同時に年次報告書で財務内容が開示される。

米国でプロスポーツ球団がほとんど上場していない理由として Foster,G.

---

[9] Forbes の球団・選手価値評価（Valuation）は有名で使用されることが多いが，上記のとおり，公開情報ではないためあくまで推定値（guesstimate）としてとらえるべきである。

[10] https://www.investopedia.com/ask/answers/062415/private-company-required-disclose-financial-information-public.asp

[11] https://www.sbnation.com/mlb/2020/2/26/21153563/atlanta-braves-financial-information-liberty-media-mlb

[12] 企業合併・買収によって誕生した，多業種間にまたがる巨大企業。

MSG	69 億 1,000 万ドル（＄6.91 billion）
BCE	429 億 4,000 万ドル（＄42.94 billion）
MANU（英プレミアリーグ：マンチェスター・ユナイテッド）	29 億 7,000 万ドル（＄2.97 billion）
RIC	245 億 6,000 万ドル（＄24.56 billion）
BATRK	267 億 8,000 万ドル（＄26.78 billion）

＊ MANU 以外は親会社の時価総額である。

（出典：https://www.thestreet.com/video/publicly-traded-sports-teams）

(2006) は以下を挙げている。

① スポーツ球団は，一般上場企業とは異なり，利益の最大化を目的とはしていない。

② オーナーとして統一性（integrity）を重視する。公開すると株主を選べないので，好ましくない業種の株主が入ってくる可能性がある。

③ 長期的視野を持って経営することが難しくなる

④ 公開企業に課される財務情報の開示要請が過剰である。一部の投資家（株主）は情報開示を好まない。

2　EU 諸国での非上場企業の財務情報開示について

EU の中でも国によって多少の違いはある。しかし EU 諸国では上場，非上場を問わず何らかの財務情報を開示する必要がある。EU 諸国では各国で自由に法律を定めることができるが，EU 法（European Union law）の指令（directive）に従ったものでなければならない。ヨーロッパ諸国では株式会社であれば，上場，非上場を問わず，次の書類を開示しなければならない。貸借対照表，損益計算書，年次報告書（annual report），監査意見書等である。中堅中小企業であっても貸借対照表の規模および売上高で基準に達した企業は財務情

---

[13] https://www.investopedia.com/ask/answers/062415/private-company-required-disclose-financial-information-public.asp

報の開示が必要である[13]。

英国における開示規制としては以下がある。

有限会社（典型的には株式会社 companies limited by shares）の有限責任という利益を享受する見返りに、睡眠会社（dormant companies）を除くすべての会社はビジネスについて財務内容を開示すること（statutory accounts）が義務となっている。

同時に会社は財務諸表について登記（file）しなければならない。ただし会社規模によってレベルが異なり、フルの開示を要求されるのは大企業等だけである。

図表 11-3　会社規模と開示（ディスクロージャー）規制（英国）

会社規模	ミクロ規模の会社（very small（Micro）company）：売上 63.2 万ポンド（8,850 万円）以下、資産規模 31.6 万ポンド（4,400 万円）以下、従業員 10 人以下	小規模会社（small company）：売上 650 万ポンド（9.1 億円）以下、資産規模 326 万ポンド（4.5 億円）以下、従業員 50 人以下（いずれか高い基準を当てはめる）	公開会社（PLC[14]）・大会社
登記事項（主な書類）	・貸借対照表は総括表（summary BS）で ok ・損益計算書は不要 ・注記（note）不要	・損益計算書は不要 ・貸借対照表も項目によっては統合したもので OK（abridged accounts）	フルの財務諸表（full accounts）必要 ・監査役意見 ・貸借対照表 ・損益計算書 ・キャッシュフロー計算書 ・注記（note）

（出典：Warner et al（2017）pp.160-161 を筆者がまとめたもの）

英国のプロサッカーリーグについては、貸借対照表、損益計算書は最低限開示が必要である。もっとも中小クラブについては「中小企業の特例」が与えられ開示は貸借対照表のみの提出と最小限に留まるが、貸借対照表、損益

---

[14] PLC（Public Limited Companies）：公開有限責任会社（法的に plc と略される）は、英国等における会社形態の一種。株式が自由に取引される有限責任会社である。公開会社であれば株式を上場できる。最小資本金は 50,000 ポンド（700 万円）。参考文献：Warner. S et al（2017）pp157-163

計算書のみならず，キャッシュフロー計算書まで開示しているクラブが少なくない。前章第 10 章の AFC ウィンブルドンは小規模会社に該当するが，PLC（公開会社）としてフルに開示している。

　それでは EU 諸国ではどういう状況であろうか。例えば，ヨーロッパ 5 大リーグ（英・西・伊・独・仏）については，英以外は現地の言葉でしか開示していないという先入観を抱きがちであるが，実は英語での開示も行っているクラブがある。イタリアの名門ユベントス（Juventus）はイタリア・ミラノ証券取引所（Milan Stock Exchange,）に上場する株式会社である。そこで貸借対照表，損益計算書，キャッシュフロー計算書等々フルで企業内容をイタリア語のみならず，英語でも開示している。したがって，英国のクラブ同様，クラブの経営内容を調査分析することは可能である。CEO（最高経営責任者）によるクラブ運営方針も開示されているので，ファンでなくても必読資料と思われる。

　英国の研究者（Maguire 2020 p.15）によれば，「ユベントスは財務諸表を開示しているクラブの中でも最高の開示を行っている」と書いているが，まさにそのとおりである。彼らの年次報告書（英語版）を読むと，英国のクラブですら開示していない数々の取引が開示されている。特に目立った事項だけ挙げても，各選手の選手登録権の価値（実名，当初支払価額，毎年の減価償却価額，残存価額）が明示されているのみならず，選手および移籍に関わった代理人（agent：今は仲介人と呼ばれている）への報酬・手数料額，さらには移籍金の支払に関して他のクラブに対して未払となっている金額[15]まで開示されている。

　筆者は主な英国のクラブの財務諸表を読んでいるが，そこまで詳細に開示しているクラブは確かに見当たらない。イタリアのセリエ A では他に AC Milan も英語版を発行しており，貸借対照表，損益計算書，キャッシュフロー計算書，さらに各項目の脚注まで記載されているので，クラブの経営状況を把握できる[16]。

　開示の一例として，移籍してきた選手名，移籍金支払先クラブ，金額（単位 1,000 ユーロ），国際財務基準による選手の（登録権）価値，契約年数等が明

---

[15] 高額移籍金であるので，数年にわたる分割払い instalments になっていることが多い。
[16] ユベントス年次報告書 2020/12/31https://www.juventus.com/en/club/investor-relations/statements/reports#season-2020-21

During the second phase of the 2020/2021 Transfer Campaign, the following main operations regarding players' registration rights were completed:

Amounts in thousands of Euro（単位は 1,000 ユーロ）

Player 獲得した選手	Counterparty clubs 所属クラブ	Price 移籍金	IFRS value of rights (including expenses and bonuses) 国際財務報告基準（IFRS）評価額	Years of contract 契約年数
Acquisizioni definitive				
Aké Marley	Olympique de Marseille	8,000	7.970	4.5
De Marino Davide	FC Pro Vercelli 1897	1,500 （a）	1.585	3.5
Lungoyi Christopher	FC Lugano	2,500	2.653 （b）	2.5
Rovella Nicoló	Genoa Cricket and FC	18,000 （c）	17.685	3.5
Other investments/ increases （d）			5.619	
Total investments			35.512	

(a) The purchase value could increase by up to € 1.1 million if certain conditions are met during the course of the contract's duration.
(b) Of which € 0.1 million for bonus accrued following the two-year temporary disposal.
(c) The purchase value could increase by up to € 8.5 million if certain conditions are met during the course of the contract's duration.
(d) Include the capitalisation of bonuses linked to sports results paid to the football clubs for players acquired during the previous Transfer Campaigns.

示されている。

　他方，ドイツのクラブ（英語版）を見ると，例えば常勝バイエルン・ミュンヘン（Bayern Munich）の財務数字のレジュメは DFL（Deutscher Fußball Bund：ドイツサッカー連盟）から他のクラブと同様に項目ごとに開示されている。この方式で思い出されるのは，日本のJリーグの開示方法と同じであることであ

る。Ｊリーグが発足当初から，ドイツ・ブンデスリーガを模範としてきたといわれているが，財務諸表の開示にもそれが伺われる。

　一般的には，英国とかドイツのような国々の方がルールに厳格であるイメージがあるが，サッカークラブの財務内容開示については，開示が進んでいる英国よりもイタリアのクラブの方がさらに開示にオープンであることは驚く。もちろん，ユベントスはイタリア・ミラノ証券取引所に上場していることもあり，投資家とのコミュニケーション（investor relations）に積極的であるのは理解できる。それにより，クラブの企業統治（ガバナンス）がよりよい方向に進んでいくものと思われる[17]。

【参考文献】

田中英夫（1991）『英米法辞典』東京大学出版会

上村・清水（2021）「金融商品取引法」（『外務員必携Ⅰ　2021 年版』日本証券業協会）

グロービス（2018）『［ポケット MBA］財務諸表分析』PHP 研究所

近藤他（2018）『基礎から学べる金融商品取引法（第 4 版）』弘文堂

山本雅道（2019）『改訂版 アメリカ証券取引法入門』第一法規，pp.55-76

Maguire, K (2020) The Price of Football, Agenda Publishing

Foster, G. (2006) The Business of Sports, Text & Cases on Strategy & Management,
　Thomson South-Western, pp. 96-98

Statements - Investor Relations Juventus

https://www.juventus.com/en/club/investor-relations/statements/

Warner, S. et al（2017）The Finance Book, Pearson

---

[17]　Statements - Investor Relations Juventus
　　　https://www.juventus.com/en/club/investor-relations/statements/

　企業価値とは文字どおり「企業の価値」である。スポーツファイナンスで
は先の事例でも紹介したとおり，クラブ・球団の企業買収（M＆A：Merger（合
併）＆Acquisition（買収））で，買収の対象になるクラブ（球団）の企業価値はい
くらなのか，いくらが適正なのかが問題となってくる。買収する側の経営者
のみならず売り手の企業も会社をいくらで売却するのか妥当であるのか検討
する必要がある。特に上場企業の経営者は株主に対して常に企業価値につい
て説明責任を問われるからである。

　「企業の合併」とは，ある企業と他の企業の法人格が一つになる組織的行
為をいう。一方，「企業の買収」は，ある企業が他の企業の全部または一部を
買う行為をいう。広い意味では，企業の合併は企業買収の一形態といえる。

　スポーツの世界を離れても，少子高齢化，経済の成熟化，競争の激化等の
外部環境の激変の下にある日本では国内市場の拡大は見込めない。そうなる
と他企業の買収のみならず他企業との資本提携は経営戦略を実現するための
必須の手段になり重要性が増している。

　企業価値は欧米ではエンタープライズ・バリュー（Enterprise Value：EV）と
呼ばれており，その企業の株式時価総額に純有利子負債（ネットデット：net
debt）を加えたものをいう。

　株式時価総額（株主価値と呼ぶ）は上場会社の場合には，株式が登録されて
いる証券取引所で日々売買されている株価に発行済み株式数を乗じて算出す
る。これに純有利子負債を加えるのは，企業の株式を全部買い取っても，債
権者[1]が存在しており，これらの純有利子負債を買い取る（債権者に返済する）
ことで，企業買収が完結するからである。したがって，株式総額に純有利子
負債を加えたものが企業価値になるのである。別の角度から説明すると，企

---

[1] 企業に対して貸付金を有する銀行等金融機関，さらに企業の発行する社債を保有す
　る投資家。

業が倒産した場合，返済原資が限られる中，優先弁済順位（どれが先に返済を受けるか）では債権（債権者）が株式（株主）に優先するので，株主価値とは企業価値から純有利子負債を控除した残額となるのである。

企業価値＝株主価値（株式時価総額）＋純有利子負債（ネット・デット）

他方，企業価値は事業価値（事業で活用する経営資源の価値）と非事業価値（事業で活用していない経営資源：遊休資産の価値）に分けられる。

企業価値＝事業価値＋非事業価値

図示すると以下のとおりとなる。

図表 12-1　企業価値とは

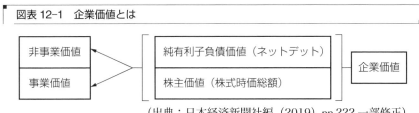

（出典：日本経済新聞社編（2019）pp.222 一部修正）

以上のとおり，財務諸表を読むことで企業価値を計算することはできる。しかし，最初の章で説明したように，財務諸表は会計（アカウンティング）を使用して，企業活動の過去や現在に視点をあわせるものであるのに対して，「財務管理（ファイナンス）」は「企業の将来（方向性）」に重点を置く。企業におけるおカネに関する意思決定を行うのが，ファイナンスであり，その結果が「会計」の数字となって現れる。逆に会計の数字を基礎にして（フィードバック），ファイナンスの意思決定を行うという関係になる。したがって，会計の数字は過去の数字である。

財務諸表を見るだけでは，クラブ・球団の買収において，将来の成長が織り込めない。それではどういう企業価値評価を行うのか，具体的な評価方法を述べる。

買収金額の評価方法は種々存在するが，大きく分けると３通りある。

① バランスシート・アプローチ

② マーケット・アプローチ

③ インカム・アプローチ

❶ バランスシート・アプローチ

　文字どおり，バランスシート，すなわち貸借対照表の純資産（総資産−負債）をもとに企業の価値を評価するものである。貸借対照表上の純資産をそのまま使う方法を「簿価純資産法」と呼ぶ。この方法は貸借対照表の数字を使用するため，客観性がある点が強みである。他方，それでは含み益や含み損は反映されない問題点がある。スタートアップ企業では，その会社の成長性が反映されないために企業価値が過小に評価される可能性がある。そこで「時価純資産法」を使うことが多い。この方法では，資産をすべて時価で売却して負債をすべて支払ったら，いくらの価値が残るのかをベースにする。清算価値ともいえる。

　まとめると，バランスシート・アプローチとは，企業の純資産の時価評価額等を基準に事業価値や株主資本価値を算定する方法といえる。

❷ マーケット・アプローチ

　株式市場などマーケットで実際に取引されている価格をもとに企業価値を決定する方法である。「市場株価法」ともいわれ，マーケット（株式市場）で株式が売買されている上場企業を対象とする評価方法である。

　企業価値＝株価（一定期間の株価の平均等）×発行済株数＋純有利子負債となる。

　非上場の企業の評価を行う場合は，上場企業の中から事業内容が類似する企業を選ぶ。その企業の株価が純利益等の財務数値の何倍かを調べ，その倍率（マルチプル：multiple）を当該非上場企業に適用して株価を算出する。「株価倍率法」とも呼び，間接的な評価方法である。倍率としては，PER[2]，EBITDA[3] 倍率法が代表的である。

---

[2] Price Earning Ratio：株価収益率：株価が「1 株当たりの当期純利益」の何倍になっているかを示す指標。

これに対して，「類似取引法」と呼ばれる方法では，証券取引所で約定された株価（出来値）ではなく，M&Aでの実際の買収価格等を参照する。先述したマンチェスター・シティに対する米国機関投資家（プライベート・エクイティ）による出資の際に，報道された金額，さらにはクラブ側の発表から買収価額が明らかになったことで市場関係者の注目を浴びた。マーケットプローチでは公開企業の株価（マンチェスター・ユナイテッド）から非上場企業（マンチェスター・シティ）の株価を評価するのが通常であるが，非上場企業の買収価額から上場企業の時価総額を評価する事例となった。この事例の場合，M&Aの価額が高額であったため，上場企業の株価が再評価されて市場価格が高騰した。以上をまとめるとマーケット・アプローチとは，株式市場やM&A市場における株価や取引価額を基準に事業価値または株主資本価値（株式時価総額）を算定する方法といえる。したがって，参照する類似企業の選択が非常に重要になってくる。

❸ インカム・アプローチ

企業が将来事業を中心に生み出すと予測されるキャッシュフロー（フリー・キャッシュフロー）を現在価値に割り引いて評価する方法である。「DCF（Discounted Cash Flow）法」と呼ばれている。企業金融理論（コーポレート・ファイナンス理論）で理論的に最もよい方法とされている。なぜならDCF法では評価する企業自体が行う将来に対する業績予想（例えば中期経営計画）をベースに，直接その企業の評価を行うからである。DCF法による企業価値計算は専門性が高く複雑であるので，この本の範囲を超えるため，詳細な説明については参考文献に挙げた専門書を読んでいただきたい。

ここではDCF法の基本を数式で表すと

P：企業価値

Cn：各年のキャッシュフロー（n＝0, 1, 2,……, n期）

r：割引率

---

3 Earnings Before Interest Taxes Depreciation and Amortization：税引前利益に支払利息，減価償却費を加えて算出される利益。

$$P=C_0+C_1/(1+r)+C_2/(1+r)^2+C_3/(1+r)^3+\cdots\cdots+C_n/(1+r)^n$$

　言い換えると，対象企業の予想する毎年のキャッシュフローを毎年ごとに現在価値に割り引いて，それを合計したものが企業価値になるということである。

　現時点（$n=0$）のキャッシュはそのままの現在価値であるので，割引はない。しかし1年後（$n=1$）は割引率がrであるので，1年後のキャッシュフロー（C_1）は現在価値に直すと$C_1/(1+r)$となる。2年後は複利計算（元本についた利子に対してさらに利子がつくこと）になるので，C_2は初年度C_0の$(1+r)(1+r)$倍の金額となる。それを現在価値に直すので，$C_2/(1+r)^2$となる。それをn年後まで延ばしたのが上式である。

　これを見れば，企業価値を決定するのは，毎年のキャッシュフローC，そしてそれを現在価値に直す利率である割引率[4]の2つだけと理解できる。

　前述のマーケット・アプローチでは参照する同業他社の株価をベースに間接的に企業評価を行うのに対して，DCF法では直接的に企業評価を行う。しかし，このDCF法にも弱点がある。客観的に予測できない将来のキャッシュフローをベースにしていること，また割り引く際の割引率をいくらで設定するかによって企業価値の評価結果が大きくブレる可能性があることである。すなわち，DCF法では種々の仮定や前提を用いる。採用する事業計画（業績予想）の内容が変われば，フリー・キャッシュフローの予想が変化する。

　注意が必要なのは，ここでいうキャッシュフローとは「フリー・キャッシュフロー（FCF）」のことであり，「企業が事業活動を通じて生み出す現金のうち，株主と債権者に対して分配できるお金」である。

フリー・キャッシュフロー＝営業利益×（1－法人税率）＋減価償却費－設備投資－運転資本の増加額

---

[4] 加重平均資本コスト（WACC）を割引率として使うことが多い。企業の主な資金調達源である借入（debt）にかかるコストと株式（equity）発行にかかるコストを加重平均したものである。

　したがって，DCF法で使用する事業計画は，設備投資や減価償却の計画
など，フリー・キャッシュフローを算定するために不可欠な情報を含むこと
が必要である。

　名前が同じなので混同しやすいが，企業価値を算定する際に使用するフ
リー・キャッシュフローは，企業が株主と債権者のために自由に使える
キャッシュ（現金等），すなわち株主や債権者に資金を配分する前のキャッ
シュフローを指す。それに対して，キャッシュフロー計算書からもとめるフ
リー・キャッシュフローは，営業キャッシュフローで生み出した現金から，
投資キャッシュフローで使用した現金を控除して算出する。「企業が本業に
よって稼いだお金から，将来のための投資をして，十分な余裕があるかを測
るもの」である。

（キャッシュフロー計算書）フリー・キャッシュフロー＝営業キャッシュフ
　　　　　　　　　　　　　　　　　　　　　　　　　　　　（プラス）
ロー＋投資キャッシュフロー
　　　　（マイナス）

図表 12-2　DCF 法による企業価値と株主価値のイメージ

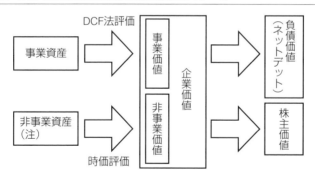

（注）非事業資産は遊休資産であるから，キャッシュフローを生み出さないので，売却
　　時点の売却金額，すなわち時価評価して非事業資産価値を求める。事業資産はキ
　　ャッシュフローを生み出すのでDCF法評価を使用して事業価値を求める。求めら
　　れた事業価値と非事業資産価値を加えたものが企業評価である。企業評価額は優
　　先弁済順位の観点で，まず負債価値が返済され，残額が株主に返済される（残余
　　財産が残っていれば）。したがって，企業価値−負債価値＝株主価値（株式時価総
　　額）となり，そこから企業価値＝株主価値＋負債価値が導かれるのである。

（出典：西山（2019）修正）

以上をまとめると，インカム・アプローチとは，将来または過去のキャッシュフローや損益を基準に事業価値や株主資本価値を算定する手法といえる。

　これらの3つのアプローチを使用して評価を行うのは，それぞれの評価アプローチが対象企業・事業の異なる価値側面に着目するからである。絶対的な正解はないので，企業価値の評価にはこれらを複合的に用いて多面的な企業価値評価を行うことが多いといわれている。

　精緻さであればインカム・アプローチのDCF法であり，コーポレート・ファイナンスの世界ではそれを企業価値に使用することが多い。しかし先述の鹿島アントラーズのクラブ売却額，それに対するマンチェスター・シティに対する米国PEファンド[5]の株式購入金額を比べると，いかにプレミアリーグとJリーグの差が大きいとしても，日本とアメリカの企業買収に対する考え方の差，さらには売り手側および買い手側の事情を取り巻く環境によって大きく左右されるのがわかる。実務家には「企業価値は需給で決まる」(磯崎(2015))，「企業価値について誰もが納得すべき『理論的公正価格』が1つ存在する，という考え方自体を捨てたほうが企業価値算定の本質を理解しやすくなる」(森生(2016))との見方が多いのではと思われる。

　証券業務出身の筆者からすれば，対象物の売りと買いの注文が多数あり，それで取引が成立する（流動性と呼ぶ）のが公募証券（株式，債券等）である。それに対して，取引量が増えたといっても圧倒的に取引が少ない企業買収の

図表　企業価値評価の主な手法（まとめ）（知野・岡田（2018）p.126 一部修正）

- 企業価値評価
  - マーケット・アプローチ　　・市場株価法　・株価倍率法　・類似取引法
  - インカム・アプローチ　　　・DCF法・収益還元法・APV法
  - コスト・アプローチ　　　　・簿価純資産法　・時価純資産法
  （バランスシート・アプローチ）

[5] PEファンド：プライベートエクイティ（PE）とは，未公開株式のことで，広義には株式の未公開会社（または事業）に関する投資すべてを含む概念のことをいう。プライベート・エクイティに投資するファンドのことをプライベート・エクイティ・ファンド（PEファンド）という。

世界は，証券の世界でいう私募証券（流動性が小さい）と同じである。当然，買い手と売り手の提示する価格のスプレッド（売買価格差）は公募証券よりも大きくなる。したがって，企業評価を行う際にも，3つの手法で得られる価額を比較しつつ企業評価額を決定するのが好ましいと思われる。

　英国のサッカーリーグについていえば，プロサッカーが儲かるビジネスになってまだ間がない，それ以前は損が出るのがあたり前という世界であった。今でもプレミアリーグ以外の下位リーグでは事態は改善していない。そういう環境下で，売買対象のクラブが中期計画でキャッシュフロー計画を書いてもブレは大きく信頼性は小さい。そうなると3つの方法を比較しつつも，類似取引法を採用せざるを得ないのではないか。

【参考文献】

知野雅彦・岡田光（2018）『M&Aがわかる』pp.14-34　日本経済新聞出版社

日本経済新聞社（編）（2019）『財務諸表の見方（第13版）』pp.220-244 日本経済新聞出版社

西山茂（2019）『「専門家」以外の人のための決算書&ファイナンスの教科書』pp.177-188

東洋経済新報社

冨島佑允（2018）『投資と金融がわかりたい人のためのファイナンス理論入門　プライシング・ポートフォリオ・リスク管理』pp.40-49　CCCメディアハウス

田中慎一・保田隆明（2019）『コーポレート・ファイナンス　戦略と実践』ダイヤモンド社

磯崎哲也（2015）『企業のファイナンス　増補改訂版』日本実業出版社

森生明（2016）『バリュエーションの教科書』東洋経済新報社

索 引

著 者 紹 介

西崎　信男（にしざき・のぶお）

東京都出身。慶應義塾大学経済学部卒。

博士（経営学）（長崎大学），MBA（米・テンプル大学），中小企業診断士。

住友信託銀行（現三井住友信託銀行），大和証券SMBC等を経て，

2006年〜2016年：東海大学経営学部経営学科教授（経営学，経営戦略論，スポーツマネジメント，財務管理等担当）

2016年〜2018年：上武大学大学院・ビジネス情報学部国際ビジネス学科教授（スポーツ産業論，経営戦略論，経営組織論，国際経営論等担当）

2018年〜現在：九州産業大学人間科学部スポーツ健康科学科教授（スポーツマネジメント論，スポーツファイナンス論等担当）

在英9年（ロンドン大学LSE大学院等留学，証券現地法人勤務）。東京，ロンドンでの投資銀行業務，国際金融業務の経験長い。

所属学会等：日本スポーツ産業学会，日本経営診断学会，証券経済学会，日本ホスピタリティ・マネジメント学会，早稲田大学スポーツナレッジ研究会，中小企業診断士三田会

（近著）

1．早稲田大学スポーツナレッジ研究会編（2016）『スポーツ・ファン・マネジメント』創文企画（第2章「英国サッカーリーグにおける中小クラブの方向性について―AFC Wimbledonを例にして―」執筆，pp.21-30）

2．柳沢和雄・清水紀宏・中西純司編著（2017）『よくわかるスポーツマネジメント』ミネルヴァ書房（第II部5.5「大リーグ野球（MLB）とプレミアリーグサッカー（EPL）のビジネスモデル」執筆，pp.100-101）

3．早稲田大学スポーツナレッジ研究会（編）（2017）『スタジアムとアリーナのマネジメント』創文企画（「スタジアム拡大競争の背景にあるもの―英国プロサッカーの二極分化―」執筆，pp.54-66）

4．西崎信男（2017）『スポーツマネジメント入門〜プロ野球とプロサッカーの経営学〜　第2版』税務経理協会（単著）

5．早稲田大学スポーツナレッジ研究会（編）（2020）『これからのスポーツガバナンス』創文企画（「スポーツガバナンス―ファンによるクラブ経営への参加（英：サポータートラスト）」執筆，pp.67-79）

　　他

著者との契約により検印省略

令和 3 年 10 月 28 日　初 版 発 行

スポーツファイナンス入門
～プロ野球とプロサッカーの経営学～

著　者	西　崎　信　男	
発 行 者	大　坪　克　行	
印 刷 所	美研プリンティング株式会社	
製 本 所	牧製本印刷株式会社	

発 行 所　東 京 都 新 宿 区　　　　　　株式　税 務 経 理 協 会
　　　　　　下落合2丁目5番13号　　　会社

　　　郵便番号　161-0033　振替　00190-2-187408　　電話（03）3953-3301（編集部）
　　　　　　　　　　　　　　FAX（03）3565-3391　　　　　　　　（03）3953-3325（営業部）
　　　URL　http://www.zeikei.co.jp/
　　　　　　　　　乱丁・落丁の場合はお取替えいたします。

ISBN978－4－419－06832－5　C3034